MAYA
LASKER-
WALLFISCH

Ich schreib euch aus Berlin

Rückkehr in ein neues Zuhause

Recherchiert und aus dem Englischen
übersetzt von Bernadette Conrad

Insel Verlag

Mit besonderem Dank an Sanna Stegmaier und Daniela Volker.
Und, natürlich, an Marguerite Marcus.

Klimaneutral
Druckprodukt
ClimatePartner.com/14438-2110-1001

Erste Auflage 2022
Originalausgabe

Umschlaggestaltung: hißmann, heilmann, hamburg
Umschlagabbildung: Maya und Anita Lasker-Wallfisch
Foto: Polly Hancock, London
Satz: Greiner & Reichel, Köln
Druck: GGP Media GmbH, Pößneck
Printed in Germany
ISBN 978-3-458-64289-3

www.insel-verlag.de

Inhalt

Für meine Mutter.

»Welcome home hero, tell me everything.«
Anita Lasker-Wallfisch, Herbst 2021

1
Sich aufmachen

Liebe Großeltern,
Traurigkeit und unbeantwortbare Fragen bedrohen mich. Verzeiht, wenn ich mir nun mit euch den Raum nehme, den ich brauche, um die innere Aufruhr zu verstehen. Ich weiß nicht, wer auf dieser Reise an meiner Seite sein wird, und so versuche ich, mich mit eurer Umarmung zu umgeben; mit der Vorstellung, von euch umarmt zu sein.
Ihr, die ihr mich nicht zum Schweigen bringen wollt.
Ich möchte euch von dem Tag erzählen, an dem ich ganz offiziell nach Deutschland ausgewandert bin. Es war der 7. 7. – ein Glückstag?
Ganz sicher einer, der meinem Gedächtnis eingeschrieben bleiben wird. Mir ist bewusst, liebe Großeltern, dass ich meine Erfahrung keinesfalls mit dem vergleichen kann, was Aufbruch und Heimatverlust für euch bedeuteten. Und doch muss ich sagen, dass die Art und Weise, wie ich im Zuge der Auswanderung rücksichtslos und überhastet geliebte Dinge aussortiert und weggegeben habe, ohne mir einen Moment des Bedauerns oder überhaupt des Nachfühlens zu erlauben – dass diese Art neu für mich war.

Ich habe das alles ja selbst so entschieden und empfinde deshalb gar kein Recht auf inneren Kampf. Oder auf Angst. Und doch ist das nun so, ich kämpfe, ich habe Angst, und der Mut, der mich erfüllt hatte, als ich die Entscheidung traf, erscheint mir nun wie außerhalb meiner Reichweite. Ich weiß, dass ich diese Gefühle verstecken muss …

Ob ich mich selbst aufgebe, wenn ich all das aufgebe und hinter mir lasse, was über sechzig Jahre lang die Landschaft meines Lebens ausgemacht hat? All das verlasse, um in das Land zurückzukehren, in dem ihr vor fünfundsiebzig Jahren ermordet wurdet? Warum, schreit es in meinem Kopf, habe ich mich so tief in diese Landschaft aus Verlust hineinbegeben, habe ich mich zum Symbol einer Kontinuität erklärt, warum habe ich ein weiteres Mal versucht, mich neu zu erfinden?

Ist das mutig oder dumm? Fast schon verrückt erscheinen mir die Worte, die im Zuge dieser Entscheidung gefallen sind. Die letzte Nacht meines Londoner Lebens verbrachte ich im Haus meiner Mutter, eurer Tochter; einem Ort, der sich nie nach ›Zuhause‹ angefühlt hat. Meine Mutter selbst, doch, sie ist ein Zuhause, aber nicht der Raum um sie herum. Ich schlief – besser gesagt: ich schlief nicht – im Bett meines Vaters. Das Leben ist merkwürdiger als jeder Roman, und so wurde diese neue Phase meines Lebens eingeleitet mit der ›Einladung‹, an jenem Ort zu übernachten, von dem mich mein Vater dreißig Jahre zuvor verbannt hatte.

Ich versuchte, diese Ironie der Geschichte mit Mum zu teilen; und irgendwie verstand sie es, sie hielt mich jedenfalls

nicht davon ab, die Bettdecke mit einem ›neutralisierenden‹ Bezug zu versehen. Dann war es Morgen und Zeit zu gehen. Zeit für den Abschied?
Ich weiß nicht, wie das geht, Abschied nehmen, und ich glaube, Mum geht es genauso, und so kam es mir plötzlich vor, als hinge ich in einer Warteschleife, wartend auf – was genau, die richtigen Worte? Die richtige Geste? Eine Umarmung? Vielleicht alles zugleich, aber nichts davon schien möglich.
Man muss nicht viel über die Prozesse des Unbewussten und über Metakommunikation wissen, um zu erkennen, wie viel Geschichte sich in einem solchen Moment verdichtet und zusammenballt ... unsagbare, unerzählbare Abschiede, von schrecklicher Endgültigkeit.
Ich habe Angst, Mum nicht wiederzusehen. Sie hingegen will, dass ich gehe, das spüre ich. Nicht, weil sie mich nicht liebt, sondern weil meine Wünsche an sie Ärger oder Verwirrung provozieren. Ich weiß, was sie von mir erwartet, und jede Schwäche, die ich ausdrücke, jeder Zweifel an meiner Entscheidung, bedroht ihren Wunsch nach Frieden.
So saß ich dann im Taxi. Mum winkte mir hinterher, erleichtert, glaube ich, darüber, mich gehen zu sehen.
Ich bin dreiundsechzig geworden, bevor ich ›von zu Hause wegging‹.

In Liebe,
Maya

Es ist August 2020, und ich bin unterwegs nach Berlin. Nicht auf Urlaub, sondern mit einer Mission ... »Mission Impossible« – zumindest fühlt es sich so an! Trotz Pandemie bin ich entschlossen, mich von diesem Weg nicht abbringen zu lassen, sondern so weit zu gehen, wie ich kann. Ich habe viel vor: Ich muss erkunden, ob mein lang ersehntes neues Leben in Deutschland realisierbar ist. Mein geliebtes Berlin befindet sich in einem Schwebezustand. Viele Hotels sind geschlossen und die Straßen deutlich ruhiger als sonst. Die Cafés sind verlassen. Es fühlt sich an, als wäre dieser elektrisierenden Stadt der Strom abgeschaltet worden. Ich versuche, das zu ignorieren – es lastet auf meiner Aufmerksamkeit.

In meinem ersten Buch, *Briefe nach Breslau*, versprach ich meinen Großeltern Alfons und Edith Lasker, meine Korrespondenz an sie fortzusetzen. Ich würde ihnen davon erzählen, wie mein Leben, und das der Lasker-Wallfischs, sich entwickelt. Auch davon, was aus meinem Wunsch geworden ist, in Berlin zu leben. Von den Herausforderungen und Erfolgen auf meiner langen Reise nach Hause; von meinen ersten Schritten in einem modernen Deutschland, das sie nicht kannten. Neue Schichten eines transgenerationalen Traumas werden, während ich diese Rückkehr ins Vaterland antrete, offenbar, genau wie unbewusste Erinnerungen, die ich bis dahin nicht wahrgenommen hatte.

Denn davon handelt meine Odyssee: von der Rückkehr in ein neues Zuhause.

Ich checke also im Hotel ein, in diesem Sommer 2020. Es begrüßen mich Stühle und Sofas, eingehüllt in abwaschbare Plastiküberzüge, anderes pandemisches Zubehör sowie eine ungewöhnliche Menschenleere. Keine Willkommensgeste begleitet mich zum Check-in, es ist ein Ort ohne Seele und ohne Personal. Ich schleppe mein Gepäck zum Aufzug, und, oben angekommen, versuche ich mir einen Weg durch das Gewirr der Korridore zu bahnen. Ich sehne mich nach der behaglichen Vertrautheit des Savoy ... aber es ist so eng verbunden mit meiner Mutter und den Festen, die wir dort gefeiert haben, dass es viel zu schmerzhaft wäre, ohne sie hinzugehen. Ich hätte die ganze Zeit das Gefühl, auf sie zu warten und nach ihr Ausschau zu halten. Und so habe ich die Angewohnheit entwickelt, von einem Hotel zum nächsten zu ziehen; diesmal starte ich am Ku'damm, bald geht es nach Mitte, Nähe Tiergarten, eine mir unbekannte Gegend.

Bei meiner Ankunft am Hotel überkommt mich eine große Traurigkeit, die ich nicht verstehe. Ich packe aus und bereite mich auf ein Treffen im Verlag vor. Spontan entscheide ich, zu Fuß dorthin zu gehen, und als ich um die Straßenecke biege, stehe ich plötzlich vor dem Holocaust Mahnmal – und begreife nun sofort, dass das, was meine Traurigkeit ausgelöst hat, die Nähe zu diesem Ort gewesen ist. Zwar glaube ich nicht, dass die Erinnerung selbst an solche Plätze gebunden ist, aber dass die geballte Kraft des Verlustes, der hier betrauert wird, atmosphärisch und energetisch zu spüren ist, ja, das glaube ich tatsächlich. Ich bleibe eine Weile dort stehen und sehe den Touristen zu, die Fotos machen, und den Kindern, die auf die Blöcke klettern und spielen, und ich frage mich, wie viel von der Bedeutung dieses Ortes wirklich von den Besuchern verstanden wird. Ich bücke mich und lege ein paar kleine Steine auf ein »Grab«, so wie es Brauch im Judentum ist. Wir ehren unsere Toten nicht mit Blumen. Als ich eine halbe Stunde später im Verlag ankomme, fühle ich regelrecht das Blut durch meine Adern rauschen. Ich bin dankbar, lebendig zu sein.

Alles begann, wenn auch zunächst gestaltlos, in Deutschland. Ich, die ich in England geboren und aufgewachsen bin, die ich mein gesamtes Leben – mit ein paar wenigen Unterbrechungen – dort verbracht habe, verzehrte mich nach einem Ort, der sich wie eine Heimat anfühlen könnte. Seit 2018 schien es mir allmählich, als wäre dieser geheimnisvolle Ort genau jenes Land, in dem ich eigentlich hätte geboren werden sollen. Und umso öfter ich dorthin reiste, umso verbundener fühlte ich mich ihm und umso näher meinem ›ungelebten Leben‹. Meine Gedanken und Sehnsüchte bekamen ein Ziel, eine Adresse: Alfons und Edith Lasker, die ich nie kennengelernt habe, weil sie sechzehn Jahre vor meiner Geburt im Lager von Izbica von den Nazis ermordet wurden. Eine Beziehung zu meinen Großeltern aufzubauen, war der verspätete Beginn einer Reise, die mich über das Vorstellbare, über die Seite hinaustrug, an einen Ort, von dem aus ich nun schreibe. Vielleicht diente das erste Buch, das seine Gestalt so ganz von selbst fand, als Wegweiser für das, was sich noch entspinnen würde. Doch war mir das damals nicht gänzlich bewusst.

Kurz zuvor im selben Jahr war meine Mutter, Anita Lasker-Wallfisch, eingeladen worden, im Deutschen Bundestag am Holocaust-Gedenktag eine Rede zu halten. Die Familie war zu diesem düsteren Anlass in Berlin zusammengekommen, und es war das letzte Mal, dass die zwei ›Lasker-Mädchen‹ beisammen waren. Meine Mutter kam am Arm von Bundespräsident Steinmeier herein, während meine Tante von Kanzlerin Merkel gestützt wurde. Es war eine elektrisierende Atmosphäre. Ich saß hoch oben in der ersten Reihe der Besuchertribüne und schaute zu, wie mein Bruder Raphael mit seinem Cello den Platz auf der Bühne einnahm, und dachte darüber nach, wie weit entfernt ich von den Geschehnissen war, doch wie tief verbunden ich mich trotzdem fühlte.

Dieser Tag veränderte mein Leben für immer. Als ich nach London zurückkehrte, überkam mich eine Entschlossenheit, ich wusste, was ich zu tun hatte und dass das Einzige, das mir im Weg stehen könnte, ich selbst war. Es war Zeit, das Buch zu schreiben, das mir vorschwebte, und herauszufinden, ob Deutschland mich willkommen heißen oder ablehnen würde.

Etwas Bedeutsames hatte begonnen und mein ›erstes symbolisches Zuhause‹ sich gefunden, in meinem Buch *Briefe nach Breslau*. Wenn Zuhause ein Ort des Willkommens ist, ein Ort des Vertrauens, dann müsste es in der Tat ein warmer Empfang werden.

Wenn Menschen Pläne schmieden, lacht Gott, und nur durch Rückschläge lernt man Lektionen und einem wird klar, was wirklich zählt. Die Freude der Kreativität und Zusammenarbeit, die mir in meinem Jahr des Schreibens half, die Mischung aus Spannung und Beklommenheit während der Vollendung des Manuskripts kamen abhanden. Das Coronavirus war da und sämtliche geplanten Auftritte wurden abgesagt. Das öffentliche Leben pausierte, die *Briefe nach Breslau* reihten sich ein in die Liste der Kollateralschäden. Zwei Jahre sind seither vergangen und die Überraschung, wenn etwas nach Plan läuft, scheint die neue Normalität zu sein. Natürlich war ich zutiefst erschüttert und brauchte ein paar Wochen, um diese neue Welt im Schockzustand zu akzeptieren. Leben fand online statt. Doch erstaunlicherweise verschwand das Buch nicht. Die Reaktion des Publikums war positiv, voller Interesse, endlich die ersehnte Anerkennung, dass ich etwas zu sagen hatte, als Nachgeborene. Und mein inneres Gespräch, meine Suche nach Antworten auf die Frage, wohin ich gehörte, sollte mit der Möglichkeit eines Umzugs nach Deutschland untrennbar verbunden sein. Ich würde versuchen, mich in Berlin niederzulassen, in der deutschen Hauptstadt, die auch die Hauptstadt des Deutschen Reiches gewesen war.

Doch verblieb die Frage, ob ich genug Mut hatte. Ich habe mein ganzes Leben auf die eine oder andere Weise nach Heimat gesucht. Und jetzt wusste ich, dass ich möglicherweise meine Stadt gefunden hatte. Ich hatte ein inneres Bild: Ich in Charlottenburg, in einer kleinen Altbauwohnung mit einem Balkon, übersät von leuchtend roten Geranien.

Je erfahrener ich werde, desto stärker glaube ich, dass Unwissenheit ein Segen ist. Nicht zu verwechseln mit Dummheit – das ist etwas völlig anderes.

Es ist wahrscheinlicher, dass man vor jugendlichem Leichtsinn ins kalte Wasser springt, Chancen ergreift, furchtlos ist. Man hat Zeit, im Zweifel alles noch einmal anders zu machen. Ich habe das Geschenk, endlos Zeit zu haben, verloren. Eher begreife ich, dass es jetzt oder nie heißt, und daraus erwächst eine Dringlichkeit.

Ah, wie ich es vermisse, jung zu sein. Ich vermisse meine Verspieltheit.

Ich begann also mit der Jagd nach einer Wohnung. Die erste, die ich besichtigte, hatte ich dort gefunden, wo, wie ich später erfahren würde, Millionen von anderen auch als Allererstes suchen, wenn sie einen Ort zum Leben finden wollen. Die Beschreibung klang perfekt. Sie lag in meiner Wunschgegend, in einer meiner Lieblingsstraßen, der Pestalozzistraße.

Was sollte schon schiefgehen?

Naja, diese nichtsahnende anglodeutsche Frau, tauchte mit nur einem einzigen Dokument auf, dem Pass, nicht mit den unzähligen Papieren, die notwendig waren. Ich war also denkbar schlecht ausgerüstet dafür, den Traum von dieser Wohnung Wirklichkeit werden zu lassen.

Zum Besichtigungstermin kam ich eine Stunde zu früh. Also schlenderte ich noch ein bisschen die lange lebhafte Straße herunter, vorbei an Wohnhäusern mit schönen Balkonen, kleinen Läden und größeren Geschäften. An einer Kreuzung sah ich das vertraute Logo von TK Maxx und verspürte Lust, mich der Menge der Schnäppchenjäger anzuschließen, die akkurat Schlangen gebildet hatten. Bald war ich dran und bahnte mir einen Weg in die Schuhabteilung. Plötzlich hörte ich von der anderen Seite des Regals vertrauten Lärm: eine israelische Mutter mit ihrer Tochter. Sie diskutierten heftig und immer heftiger. Ich bemerkte, wie die Leute sie anschauten, diese ungewohnte Szene beobachteten. Ich lächelte vor mich hin, während ich den Kadenzen der auf Hebräisch geführten Debatte lauschte. Für uneingeweihte Ohren klang es nach lautstarkem Streit. Während ich meine eigene Auswahl schnell zum Abschluss brachte, beschloss ich, Hallo zu sagen. Ich fragte die Mutter, ob sie in Berlin lebe oder hier zu Besuch sei. Die arme Frau guckte mich entgeistert an und fragte mich, warum ich das wissen wolle. Wer sind Sie überhaupt? Und sie hielt ihr Mädchen schützend auf Abstand von mir. Ich brauchte ein paar Sekunden, um die Angst zu erfassen, die ich mit meiner Frage provoziert hatte, und so erklärte ich ihr, dass ich eine mir kulturell sehr vertraute Sprache wiedererkannt und mich hingezogen gefühlt hatte zu ihrer Familiendebatte. So eine Intensität im öffentlichen Raum hatte ich in Deutschland noch nicht erlebt ... Sie entspannte sich und stimmte mir zu, ja, genau, diese Art, zu kommunizieren werde in Deutschland häufig missverstanden. Das kenne sie. Wir plauderten noch etwas und sie berichtete, dass sie erst vor einem halben Jahr nach Berlin gezogen sei. Ich gestand ihr meinerseits meine Liebesgeschichte mit der Pestalozzistraße, so wünschten wir uns gegenseitig alles Gute und gingen jede zur Kasse mit unseren Schuhen.

Später dachte ich über meine »undeutsche« Art nach,

Fremde anzusprechen, und wie dies als Irritation empfunden worden war, oder im schlimmsten Fall sogar als beängstigend. Und ich dachte, auch wenn viele jüdische Menschen aus Russland oder Israel nach Deutschland einwandern: Angst hängt noch in der Luft. Nichts kann einfach vorausgesetzt werden. Vielleicht wird das ja immer so sein – und meine Sehnsucht nach spontaner Kontaktaufnahme würde ein naiver Wunsch bleiben. So vieles sollte in diesen ersten Monaten über die Kultur gelernt werden, in die ich eingetaucht war, und ich musste erst noch herausfinden, ob sie ein Zuhause für mich bot.

Die Stunde war schnell vergangen und nun war es Zeit für die Wohnungsbesichtigung. Ich ging zurück und nahm meinen Platz in der immer weiter anwachsenden Schlange der Wartenden ein. Umgeben von lauter jungen Leuten, fühlte ich meine Chancen und mein Herz sinken. Als ich ein Paar aus der Wohnung kommen sah, sprach ich sie an. Zu meiner Freude waren sie nicht interessiert, ihnen war sie zu dunkel. Ich selbst hatte längst entschieden, sie zu nehmen, ohne dass ich sie gesehen hatte. Zusammen mit einem weiteren jungen Paar war ich schließlich an der Reihe. Wir betraten die Wohnung im ersten Stock. Ich sagte dem Makler, noch bevor wir im Flur waren, dass es von meiner Seite auf jeden Fall ein »ja« wäre. Er hatte schon einen kleinen Vorgeschmack von meiner Direktheit und meinem Enthusiasmus bekommen ... Während die jungen Leute die Elektrogeräte studierten, schaute ich mir die Einrichtung und die Dinge in der Wohnung an. Brahms' Sonaten auf einem Notenständer, deutsche Klassiker in den Bücherregalen! Alles Bestätigungen für mein Gefühl, nach Hause zu kommen. Ich nahm jede Kleinigkeit auf, fühlte es alles ganz körperlich. Die Türklingel, die Briefkästen, alles kam mir so vertraut vor: Als ob ich hier schon gewesen wäre.

Ich verließ die Wohnung widerstrebend und vereinbarte mit dem Makler ein Treffen am nächsten Tag, um den Papierkram zu erledigen, der mich in die engere Wahl der Bewerber aufnehmen würde. Ich war voller vorsichtiger Freude, wollte das Erlebnis feiern. Ich konnte es mir so gut vorstellen, mein Leben in dieser Straße! Ich empfand Verbundenheit, Vertrautheit auch draußen, in der Atmosphäre dieser Nachbarschaft; fühlte mich selbst vollkommen lebendig. Und ich genoss dieses Gefühl enorm.

Am nächsten Tag traf ich also den Makler, erledigte, was zu tun war; Einkommensnachweis, SCHUFA-Auskunft, der Countdown begann. Ich behielt meine Aufregung für mich. Bis zu jenem Moment drei Tage später, als ich per Telefon erfuhr, dass jemand anderes die Wohnung bekommen hatte. Die Wucht der Enttäuschung war mächtig. Ich hatte mich so nah dran gefühlt – und doch sollte die Pestalozzistraße nicht meine neue Adresse sein. Ich gebe zu, ich weinte bitterlich.

Und ich begriff, um erfolgreich zu sein, würde ich meinen Modus Operandi anpassen müssen.

2
Ankommen

Liebe Großeltern,
ich schreib euch aus Berlin! Und ich kann euch sagen, dass ich mich all dem Papierkrieg, all der Bürokratie, der anstrengenden Wohnungssuche zum Trotz, wie inmitten einer Liebesgeschichte fühle. Einer von Sehnsucht und Angst eingefärbten Liebesgeschichte. Jeder Rückschlag ist schmerzhaft, aber ich kehre in den Kampf zurück, müder und vielleicht etwas realistischer. Jedoch immer noch fest entschlossen, schließlich bin ich eine Lasker. Ich komme in Berührung mit Aspekten der deutschen Bürokratie, die nichts zu tun haben mit meinem Gefühl von Gerechtigkeit, »Richtigkeit«. Noch kritischer wird es, wenn ich an den Punkt gerate, an dem das heutige Geschehen ins Trauma der Vergangenheit kippt – die harmlosen Anträge heute nehmen plötzlich den Geschmack von den Papieren damals an, Papiere, mit denen ihr euch unaufhörlich auseinandersetzen musstet, um zu versuchen, nur noch ein wenig länger zu überleben. So ist dieser schlichte Vorgang, die richtigen Unterlagen für eine Wohnungsbewerbung heranzuschaffen, für mich nichts Unbelastetes, es fühlt sich alles sehr persönlich an. Aber ich bin

entschieden. Das kann noch nicht das Ende der Hoffnung sein.

Es fällt mir schwer, rational zu sein, wenn mich eine Enttäuschung voll trifft, wie in jenem Moment, als ich erfuhr, dass ich die Wohnung in der Pestalozzistraße nicht bekommen würde. Mit dieser Schwierigkeit hatte ich seit jeher zu kämpfen. Und doch, wenn ich heute darüber nachdenke, was es so schwer gemacht hat, ist es vielleicht vor allem das Deutungsmuster, das über meinem Leben liegt: dass meine Enttäuschungen ja von banaler Natur seien, ohne große Konsequenzen, weit entfernt von Leben oder Tod; einfach Ausdruck dessen, dass etwas nicht nach meinem Willen geschieht. In dieser Beurteilung liegt Härte und auch eine Art Vorwarnung, die ich allerdings meist nicht beachtet habe: Sowohl meine Sehnsüchte als auch meine Enttäuschungen sind zu groß, zu viel für andere, von mir selbst ganz zu schweigen. Aber irgendwo in diesen aus Gegensätzen bestehenden Räumen muss doch Platz für Freude sein! Ich kenne meine Fähigkeit, mich zu freuen, aber meist ist sie dann prekär und ich behalte sie am besten für mich.

Und als jetzt meine Trauer und Enttäuschung in mir festsaßen, funktionierte keine meiner üblichen Verdrängungsstrategien und Ablenkungsmanöver. Gleichzeitig merkte ich, dass ich zu keinem Zeitpunkt dieser tränenreichen Woche »zurück nach Hause« wollte. Ich war ja zu Hause, im Sinne von: auf dem richtigen Boden.

Was ist das, was übrig bleibt, wenn so viel zerstört wurde? Und ist es etwas, das seinen festen Platz in der Seele hat, oder taucht es erst auf, wenn es Luft zum Atmen bekommt?

Für mich ist es eine Kombination aus unbewusstem Gedächtnis und Instinkt, ein kraftvoller innerer Wegweiser, der mir sagt, dass ich am richtigen Ort bin. Dies hat nichts mit dem Leben zu tun, das ich bis hierher geführt habe – sondern ganz im Gegenteil mit dem Leben, das ich hätte führen können, hätte es den Holocaust nicht gegeben.
Ich stellte meiner Mutter, eurer Tochter Anita, heute zwei Fragen: »Mit welchem Wort würdest du den Status bezeichnen, den du hattest, als du 1945 in England ankamst?« Sie dachte kurz nach und antwortete: »Flüchtling«. »Und welches Wort würdest du für die Kinder dieser Flüchtlinge benutzen?« Ihre Antwort war dieselbe.
Mein britischer Pass ist ein Dokument, keine Identität. Ich habe natürlich immer einen gehabt, und wenn er abläuft, beantrage ich einen neuen, ganz einfach. Dieser Pass hat nie etwas bedeutet; er hat für mich nie etwas anderes bereitgestellt als die Möglichkeit, mit ihm zu reisen. Doch ist mir völlig klar, dass für meine Mutter, die vor über siebzig Jahren ihren ersten britischen Pass erhielt, dies bedeutete, dass sie nun endlich ein Leben in ihrem Zufluchtsland würde führen können. Sie konnte kommen und gehen, wie sie wollte. Ich hingegen fühlte mich, ohne es zu verstehen, abgeschnitten in diesem Land meiner Geburt; wie gefangen in einer Falle. Nie habe ich in London ein Zugehörigkeitsgefühl entwickelt, trotz seiner multikulturellen Bevölkerung, und ich begegnete auch keinen anderen Familien, die meiner ähnelten. In gleicher Weise empfand ich es als seltsam, auf die Frage nach meiner Nationalität zu antworten, dass ich Engländerin sei. Es fühlte sich falsch an.

Wo man geboren wird, spielt ja eine Rolle; es gibt Auskunft über die kulturelle und soziale Identität, die man hat, und in der rigiden englischen Klassengesellschaft passten wir natürlich in keine Kategorie richtig hinein. Wir waren eine zwar arme, aber kulturell elitäre deutsche Familie. Eine Familie ohne Verwandtschaft in England. Auch waren meine Eltern nicht interessiert daran, zur britisch-jüdischen Community zu gehören, was kaum überrascht, wenn man sich klar macht, welchen Preis sie schon für ihre jüdische Identität bezahlt hatten.
Ich erhielt meinen deutschen Pass 2019. Das Beantragungsverfahren war surreal, die Frage nach der letzten Anschrift meiner Eltern und Großeltern in Deutschland: Auschwitz, Bergen-Belsen, Izbica – muss ich weiter erklären? Pflichtbewusst zeichnete ich das Einschreiben ab, bevor ich wusste, was darin war. Mein deutscher Reisepass! Zum ersten Mal verspürte ich andere Gefühle: Triumph, Erleichterung. Meine Identität war nun ganz offiziell Marianne Lasker-Wallfisch, etwas, ohne das ich über sechzig Jahre gelebt hatte. Meine Erleichterung hatte, anders als bei meinem Bruder, nichts mit dem Austritt Großbritanniens aus der Europäischen Union zu tun. Für Raphael bedeutete der deutsche Reisepass in erster Linie, dass er Europäer bleiben würde mit der Möglichkeit, als Musiker weiter uneingeschränkt zu reisen. Ich wollte mein Glück mit meiner Mutter, eurer Tochter Anita, teilen, aber das ist natürlich nicht so einfach, wie es zunächst klingt. Als Überlebende des Holocaust hat sie gemischte Gefühle gegenüber meinem Umzug. So behielt ich es also zunächst für mich, in meiner Hand und meinem Herzen.

Als ich ihr ein paar Tage später erzählte, dass mein Pass angekommen sei, warnte sie mich davor, Deutschland zu idealisieren. Vielleicht erledigt sich meine Begeisterung ja auch tatsächlich mit der Zeit? Aber jetzt, für den Moment, möchte ich sie einfach nur genießen.

Ich weiß nicht, warum, aber ich leide unter einer Art Wiederholungszwang. Freud würde sagen, es ist der Versuch, eine Neurose aufzulösen. Wiederholung ist ein Schlüsselfaktor bei jeder Sucht, und ich scheine auf eine masochistische Weise darauf angewiesen zu sein, in den Handlungen meines Lebens jeweils durch meine Mutter beantwortet zu werden. Wie bei den meisten leidvollen Erfahrungen vergesse ich, daraus zu lernen, und stürze immer wieder, wie neu, in dieselben Verstörungen. Dass Sehnsucht eine Dynamik sein kann, die auf Gegenseitigkeit beruht, ist mir unvertraut – vielleicht hat mich das in die Exzessivität geführt, in den Zwang, beides zu sein, gebend und empfangend.

Es vergingen ein paar Monate, bevor ich meinen neuen Pass zum ersten Mal benutzte. Und dann, ja, fühlte es sich wirklich ein bisschen anders an, am Flughafen Tegel zu landen. Immer wieder wollten Bekannte ihn sehen, sie staunten, wie sehr ich in Sachen Staatsbürgerschaft nun auf dem Weg war, tatsächlich auf dem Weg nach Berlin.

Viele Flüchtlinge drängen nach Deutschland, ich bin mir nicht nur darüber bewusst, sondern auch über die mutigen Entscheidungen Angela Merkels. Und doch, als ich vor über zwei Jahren mit meiner »Rückreise« begann, begegnete mir jedes nur denkbare Hindernis. Hindernisse, die sich ganz unvermeidlich in bestimmten Momenten ange-

fühlt haben, als seien sie persönlich gemeint. Und es hat Zeit und Tränen gekostet, sich da hindurchzuarbeiten. Ich kann weder jeden Rückschlag als antisemitisch verbuchen noch kann ich jeden Triumph dem Umstand zugutehalten, dass ich die Tochter meiner Mutter bin. Letzteres ist komplexer …

In Liebe,
Maya

Hier bin ich wieder, in Berlin Charlottenburg. Inzwischen ist Winter, ein halbes Jahr ist vergangen. Und es ist erneut alles ganz anders gekommen.

Den ersten Morgen erwachte ich mit dem Gedanken: Ich habe es geschafft! Vom Bett aus schaute ich zum Fenster hinaus, um zu überprüfen, ob ich tatsächlich wach war und nicht etwa träumte. Als ich die Augen aufschlug, sah ich, der Himmel war grau. Aber in meinem Inneren strahlte eine Sonne hell von Optimismus. Mein Schlafzimmer mit der hohen Decke war kein Traum. Genauso wenig das niedrige langgezogene Badezimmer, typisch berlinerisch, in dem ich mich gleich an die Morgenroutine machen würde. Einige der Sachen, die mit mir aus London hergereist waren, hatten schon einen Platz gefunden, und so begann bereits ein heimeliges Gefühl aufzukeimen.

Wie bin ich nun doch hier gelandet? Was für ein Glück ich habe, dass ich, nach einem Jahr gescheiterter Versuche in Berlin, in einer eigenen Wohnung bin, gleich um die Ecke von der Pestalozzistraße! Diese ersten Tage sind magisch. Oft empfinde ich ein Gefühl von Unglauben.

Während ich den Handwerker im Schlafzimmer hämmern und bohren höre – natürlich sind noch Dinge zu tun, Lampen aufzuhängen, Geräte anzuschließen –, habe ich mir meinen Tee mit ins Wohnzimmer genommen. Innerlich nenne ich es den Lasker-Salon. An einer der Wände des Zimmers steht mein Sofa mit einem meiner antiken Seidenschals als Überwurf. Ich sitze hier, das eine Bein untergeschlagen, schaue nach draußen. Winterkahle Bäume, ein paar Christrosen in Töpfen auf dem Balkon, die sich zusammendrängen. Eine meiner Lieblingsblumen, und sie werden den Berliner Winter überstehen. Vielleicht werden sie im Frühjahr noch hier sein.

Mir gegenüber steht ein halbrunder kleiner Tisch mit Fotos: einer Galerie meiner Familie, und mit ihnen das Zuhausegefühl. Gemalte Portraits hängen über dem kleinen Tisch. Renate, meine Mutter Anita und meine Großeltern wachen über mich. Die Laskers aus Breslau.

Die Zwischentür steht offen, ich schaue auf das noch leere Bücherregal, am Boden stehen ein paar Kisten mit Büchern, die darauf warten, einen Platz zu bekommen. Die kleine Vitrine in der Ecke ist schon eingeräumt, mit meinem Lieblingsgeschirr. Es sieht überhaupt nicht so aus, als ob ich hier erst drei Tage wohne! Hinter der Tür ist das kleine Aquarell mit dem dünnen Goldrahmen, ein paar Weiden, das Wasser, eine schlichte Landschaft. Ich finde es wunderschön. Im großzügigen Flur steht eine geräumige Vitrine, weißlackiertes Holz, verglaste Türen, ein paar Schätze darin, so als wäre sie schon immer dort gewesen. Ins oberste Fach habe ich diese kleine Truhe gestellt, uraltes Holz, ein rund geschwungener Deckel und nach und nach werden mehr besondere Dinge dazukommen.

Die Stehlampe neben dem Sofa ist alt, wie das Haus, in dem ich wohne. Ein Haus, das zwei Weltkriege überlebt hatte und Generationen von Menschen ein Zuhause war. Wer hätte gedacht – ich am wenigsten –, dass ich einen

Platz in diesem imposanten Altbau finden würde, nachdem die Kriege alles völlig verändert hatten.

Diese düsteren Gedanken werden von Freude erhellt, als ich meine Schätze weiter auspacke. Sie scheinen mich von selbst an ihren Ort auf einem der vielen Regale zu führen. Später an diesem Tag, der zufälligerweise ein Samstag ist, entdecke ich, dass die Pestalozzistraße nur ein paar Ecken entfernt liegt, ich mache einen Spaziergang durch die Nachbarschaft und zu meinem Erstaunen ist es tatsächlich die angrenzende Straße. Ich bin mir sicher, das ist ›beschert‹. Ich setze meinen Gang fort und stehe plötzlich vor der berühmten Synagoge. Auf Bildern habe ich sie schon gesehen, aber keine Ahnung gehabt, dass sie sich so nah an meiner neuen Adresse befindet. Vor dem überwältigenden roten Backsteingebäude aus dem neunzehnten Jahrhundert stehen zwei Polizisten. Traurigerweise müssen Orte, an denen Juden zusammenkommen, noch immer stark bewacht werden, und Deutschland ist keine Ausnahme. Ich entschließe mich, auf die Männer zuzugehen und sie zu fragen, ob ich hineingehen könnte. Die Antwort ist, Nein, es finde ein Gottesdienst statt. Es ist Schabbat, der Wochentag des Betens. Ich erkläre ihm kurz, wer ich bin, nenne den Namen meiner Familie und frage, ob ich wenigstens in den Hof dürfe, um von dort aus den schönen Gesang zu hören?

»Ich habe von Ihrer Mutter gehört«, sagt der Polizist. Er wirkt warmherzig und nachgiebig und bald finde ich mich drinnen im Hof wieder, einem heiligen Ort der Synagoge, die vor Bombenangriffen im Zweiten Weltkrieg bewahrt geblieben ist. Ich sitze auf einer Bank und die vertrauten und tröstlichen Töne strömen über mich. Es ist ein besonderer Moment für mich. Als ich gehe, sage ich dem Polizisten Lebewohl und mir rutscht ein »Danke, dass sie mich nicht erschossen haben« raus. Ihm entgeht die Ironie meiner Worte nicht, hoffentlich verbucht er es als Exzentrik.

Wieder zu Hause angekommen, stehe ich in meiner Küche. Gerade hat der Handwerker die Lampe angebracht, die ich neu gekauft habe. Ihr wärmendes, goldenes Licht hebt die Sammlung von Vasen und Krügen hervor, die nun ihren Platz gefunden hat: Oben auf den weißen Küchenschränken, die nur darauf gewartet zu haben scheinen, meine mit mir ausgewanderten Gefäße auszustellen. Ich habe das alles mit hergebracht, weil das die Dinge sind, von denen ich umgeben sein will. Dinge, die ich jeden Tag sehen will. Ich fühle mich ja tatsächlich hier schon mehr zu Hause als drüben in England.

Ich gehe zurück in den ›Lasker-Salon‹, ein gerahmtes Skizzenblatt, von dem in der Familie behauptet wird, es sei eine Übung von Renoir, hängt dort bereits. Dieses Bild hatte ich mir ausgesucht, als ich acht Jahre alt war, und es hat an vielen Orten mit mir zusammengelebt. Eugen, ein Onkel meiner Mutter, war in den frühen 1930er Jahren mit seiner Frau, Tante Gretel, und seiner Tochter, Helli, aus Deutschland geflohen und ein erfolgreicher Kunsthändler geworden. In London waren wir regelmäßig bei ihnen zu Besuch. Eines Tages erlaubte er mir, ein Bild auszuwählen. Ich erinnere mich, wie ich eine Mappe durchschaute und dann meine Entscheidung traf. Wieso ich genau diese Skizze wollte, kann ich nicht sagen, doch in den fünfundfünfzig Jahren in meinem Besitz ist sie mir immer mehr ans Herz gewachsen.

Ich hänge an Schönheit, eine Reaktion auf die Atmosphäre, in der ich als Kind aufwuchs, karg und streng. Die Kindheit steckt einem in den Knochen. Viele Jahre habe ich gebraucht, um zu verstehen, dass meine Leidenschaft für Schönheit überhaupt nicht seltsam ist, sondern aus meiner Familiengeschichte, dem totalen Verlust und der Zerstörung, folgt.

Es ist nicht unvernünftig, sich an Dinge zu binden, gefährlich genug, an Menschen.

3
Sich verabschieden

Liebe Großeltern,
ich wünschte, ich müsste euch nicht die Nachricht überbringen, dass unsere geliebte Renate nicht mehr bei uns ist. Sie starb kurz vor ihrem siebenundneunzigsten Geburtstag. Ihre letzten Tage waren nicht einfach, aber ihr Leiden war kurz, und sie starb in Gabrielas Armen, die sich ja in den letzten Jahren so gut um sie gekümmert hat. Wegen Corona konnten wir nicht nach Frankreich reisen, um uns dort von Renate zu verabschieden. Aber wir haben uns in London getroffen, eure Tochter Anita, eure Enkel Raphael und ich. Wir waren in Gedanken bei ihr, als sie in Frankreich bestattet wurde. Mit Blumen und Kerzen, mit Fotos von Renate. Ich fühlte mich ihr eng verbunden, in Frieden, in dem Gefühl, dass es richtig so ist, in jener intimen Weise, in der sie und ich lebenslang miteinander verbunden waren.
Anita war ruhig, sehr ruhig. Als ob sie allem zusehen würde, anstelle ein Teil davon zu sein, und ich konnte nur erahnen, was ihr durch dem Kopf ging, was sie fühlte.
Den Laskers ist der Tod vertraut. Mir kam der Gedanke, dass Renate die erste Lasker älterer Generationen war, die

einen natürlichen Tod starb. Was für ein Gedanke. Ich liebte Renate so sehr. Die Erkenntnis, dass ich nie mehr in ihrer Gegenwart sein werde, erreicht mich nur ganz langsam.

Und ich bin nun hier – in diesem neuen Leben in Berlin. Ich denke an Renate und bin so dankbar, dass sie meinen Umzug noch erlebt hat: Sie war voller Freude über dieses Projekt, sie fand es großartig und ermutigte mich in jeder Phase, es wirklich in die Tat umzusetzen. 2018 war sie mit uns in Berlin gewesen, im Bundestag. Ich weiß noch genau, wie ich im Savoy ankam und schon von außen durch die große Scheibe die beiden Schwestern in der Lobby einander gegenübersitzen sah. Dann haben sie über dies und das miteinander geplaudert, wie immer.

»Meine kleine Schwester ist nicht mehr da«, hatte meine Mutter gesagt, erschüttert. Dabei war doch sie die Kleine gewesen. Aber Anita war eben immer die Kämpferin von ihnen beiden. Renate die Blume. Schlimme Tage der Trauer, die noch lange nicht vorbei sind.

Und nun, zehn Tage nach Renates Tod, bin ich zurück in Berlin. Zurück in meiner Wohnung, die mich immer mehr wie ein Zuhause umgibt. Auf meinem Balkon steht ein weißes Blumenregal aus Frankreich, darin baue ich »Renates Garten«: meine geliebten Christrosen, eine dicht an der anderen, darunter Primeln, die lange vor dem Frühling nach Frühling aussehen, Hyazinthen, die schon ihre grünen Spitzen herausstrecken. Es ist ein Balkongarten für Renate, die selbst eine Gärtnerin war – und eine Blume. So verbringe ich hier nun Tage der Trauer, des Rückzugs. Voller Freude über diese Wohnung, die immer schöner, immer mehr zu meiner wird.

Ich hier. Und obwohl mich das Gefühl erfüllt, in Berlin am richtigen Platz zu sein, haben über sechzig Jahre am falschen Platz natürlich ihre Wirkung getan. Sie haben Schaden angerichtet. Ich wünschte, ich wäre jünger – nie hätte ich gedacht, dass ich das einmal sagen würde. Meine Energie ist begrenzt, und damit ist auch die Fähigkeit, die Dinge zu ermessen, anders; ich bin anders herausgefordert als früher in meinem Leben. Manchmal holt mich die Angst ein, ich hätte mir zu viel zugetraut und zugemutet – aber wie hätte ich es anders machen können? Vielleicht ist es alles zu viel? Zu viel auf einmal. Anzukommen in dieser neuen Welt, einem neuen Leben. Samt allen Emotionen, aller Bürokratie, und selbst die Bürokratie ist voller Emotion. Meinen deutschen Pass zu bekommen! Meine Meldebestätigung als deutsche Bürgerin in Berlin. Das allein wäre schon mehr als genug. Aber nun noch Renates Tod.

Auch vor dem Fenster im zweiten, an den Lasker-Salon angrenzenden Wohnraum steht nun eine Sitzgruppe. Hier, so stelle ich mir vor, werde ich Patienten empfangen können, wenn dies wieder möglich sein wird. Ins Fenster hinter der Sitzgruppe habe ich zwei Bleiglasbilder mit großen Rosen gestellt, sie passen so perfekt hinein, als seien sie für diese Fenster gemacht. Ich habe sie in einem Antikladen gefunden. Sie verwandeln das Zimmer in einen wohnlicheren Ort. Meine Möbel aus England sind inzwischen auch angekommen: Zwischen den beiden Fenstern steht mein französisches Sofa, mit blassroten Streifen und geschwungenen Füßen – Renate hatte fast dasselbe, nur dass meines gemütlich und bequem ist und ihres überhaupt nicht! So sehr sie einen Sinn für Schönes hatte: Auch Renate hatte, wie Anita, keine einzige richtig bequeme und gemütliche Sitzgelegenheit in ihrem Haus. Keinen Ort zum sich Niederlassen und vollkommen Entspannen.

Langsam kann ich Worte finden und auch zu Papier bringen, was Renates Tod bedeutet. Zuerst haben mir die Worte völlig gefehlt, ich habe diesen Tod nur körperlich gespürt, das war schrecklich. Wenn ein Mensch plötzlich fehlt, dann stellen sich erst nach und nach die vielen Dinge ein, die man nun vermisst. Renates Stimme zum Beispiel. Der Verlust dieser Stimme. Ich konnte immer darauf vertrauen, dass sie einen freundlichen Satz sagen würde wie: Oh Mayale, come on ... setz dich neben mich. Sie war zärtlicher als ihre Schwester Anita, und ich fühlte mich immer von ihr verstanden. Und sie freute sich an mir! Sie war stolz, sie mochte es, von ihrer Nichte zu erzählen, die einen Bestseller geschrieben hat. Renate hatte etwas sehr Unkompliziertes, eine große Herzlichkeit.

Dann gab es auch eine Art »Wiedererkennen« zwischen uns; Renate war ein »wild child«, und sie genoss die Aufmerksamkeit ihrer vielen Verehrer. Selbst hatte sie keine Kinder, was die Beziehung zwischen ihr und mir vielleicht noch inniger und näher sein ließ. Es gibt kein Jahr meines Lebens, in dem sie nicht vorkam. Ich wurde als Kind ins Flugzeug gesetzt, sie holte mich ab; ein- bis zweimal im Jahr, früher in Wiesbaden, später dann in Südfrankreich. Ich brauchte sie insbesondere in den schwierigen Jahren, vor der Pubertät zum Beispiel. Ich erinnere mich noch an eine Situation, als ich mir nichts so sehr wünschte wie ein

Twiggy-Outfit, oder später ein Dirndl! Ich genoss die Zeit bei ihr, wollte gar nicht mehr weg. Renate formte mein Leben stark. Wobei: Ein Halt für mich, nein, das war Renate nie, das war immer meine Mutter. Aber Renate wertete mich nie ab. Sie war das, was meine Mutter nicht war; stand für einen ansonsten nicht verfügbaren Teil des Lebens. Sie hat eine klaffende Lücke gefüllt. Ich habe sie so geliebt.

Anita und Renate hatten viele Kämpfe miteinander, sie waren so verschieden, geradezu gegensätzlich. Und dann war da natürlich noch die große Lücke, die durch Mariannes frühen Tod entstanden war. Marianne, die 1951 im Kindbett starb und Tochter und Sohn hinterließ, Michal und Amir. Als die beiden klein waren und bei ihrem Vater zurückblieben, hat keine der beiden Schwestern viel Kontakt mit Mariannes Kindern aufnehmen können. Von Klaus, ihrem Mann, ermutigt, änderte sich das, als Michal eine junge Erwachsene war. Klaus und Renate begannen, nach Israel zu reisen. Michal besuchte die beiden in Südfrankreich. Es entstand eine sehr enge Beziehung. Vielleicht brauchte Renate Michal mehr als Michal Renate, wohingegen ich Renate dringender brauchte als sie mich. So wurde Michal irgendwann für die beiden ein bisschen zur Tochter, die sie selbst nicht hatten.

Es ist kompliziert, wie so oft in Familiendynamiken. Eine große Rolle spielte auch, dass Marianne als die früh Verstorbene immer extrem idealisiert wurde. Ich war es, die ihren Namen erbte – aber ich, die Wilde und Unkontrollierbare und Haltlose, war nicht unbedingt die Richtige. Michal trat Mariannes Erbe in dem Sinne an, dass auch sie dann immer mal wieder auf einem Podest stand. Sie war der Engel, die Wunderbare. Familienrollen eben ... Amir, Mariannes Sohn, lernte seine Mutter nie kennen, etwas, mit dem er sich sein gesamtes Leben auseinandersetzen musste. Viele Erinnerungen kommen hoch in dieser Zeit. Es werden von Tag zu Tag mehr.

Als dein Bruder, lieber Großvater, Eduard Lasker, in New York starb, geriet über den Umweg einer Frau namens Mona das Erbe an meine Mutter. Es war nicht wenig: ein Apartment am Riverside Drive in Manhattan, voller wunderbarer Dinge. Anita und Renate reisten gemeinsam nach New York und verkauften die Dinge schneller, als es möglich schien. Möbel, Teppiche, Silber, Bilder ... aber sie brachten auch Dinge mit heim, Renate brachte buchstäblich einen Koffer voller Silber mit. In diesem Moment genoss Anita es, großzügig sein zu können, sie teilte alles mit Renate, und dann auch mit meinem Bruder und mir, es war wie im Märchen.

Und wie im Märchen hatte ich insgeheim immer die Vorstellung, die überlebenden Lasker-Schwestern würden niemals sterben. Wobei ich hinzufügen muss: nicht, dass sie selbst sich das gewünscht hätten. Es war ein völlig eigennütziger Wunsch meinerseits.

Ich vermisse Renate jeden Tag. Ich höre ihre Stimme in meinem Kopf, ich stelle mir ihre Freude an all dem vor, was ich in Berlin erlebe.

Als sie nicht mehr in London lebte, trafen zum Geburtstag und zu Weihnachten immer Päckchen ein; jedes Mal mit einem feinen Sinn dafür ausgesucht, was mir gefallen könnte. Renate lebte und genoss ihre Weiblichkeit, sie war in dieser Hinsicht mein erstes und wichtigstes Vorbild. Sie war zart und schön, sie war die weltbeste Geschichtenerzählerin. Sie wusste um die Kraft und die Wichtigkeit von Details.

Wie es mittleren Kindern oft passiert, war auch für Renate die Position zwischen ihrer jüngeren Schwester Anita und der älteren, Marianne, eine Herausforderung. Von dir, Großmutter wurde sie »das Vögelchen« genannt, was vielleicht darauf hinweist, dass sie fragiler war als ihre Schwestern.

Jetzt, wo die Worte leichter zu mir kommen, möchte ich euch noch davon erzählen, wie dieses Kind zu einer Frau wurde, auf die ihr stolz gewesen wäret. Renate gestaltete die Orte, an denen sie lebte, völlig anders, als ich es von zu Hause kannte, mit einem feinen Sinn für Schönheit, den ich immer bewunderte und genoss.

Renates eigene Odyssee zurück in ein Zuhause begann nach der Freilassung aus Bergen-Belsen zusammen mit meiner Mutter in London. Sie ergatterte einen Job bei der BBC und begann als Rundfunksprecherin und Korrespondentin. Ihre kommunikativen Talente wurden schnell sichtbar. Das erste Zuhause der Schwestern war ein kleiner Schuppen im Garten ihrer Cousine Helli und deren Mann Jack. Nach dem Horror der vergangenen Jahre war der Schuppen für sie ein Palast, ein kleiner, geschützter Raum nur für sie zwei und für das Cello meiner Mutter. Beide hatten sich vorgestellt, dass sie nun, nach der Befreiung, wie Tausende andere auch, mit dem Zeugnis dessen, was sie überlebt hatten, einen Beitrag leisten könnten zur Veränderung der Welt. Aber dann mussten sie feststellen, dass England ganz und gar nicht bereit war für Geschichten dieser Art. Woraufhin sie sich mit aller Kraft der Zukunft zuwandten.

1950 heiratete Renate einen Franzosen namens Jacques, den sie in der Auslandsabteilung der BBC kennengelernt hatte. Die Heirat ermöglichte ihr den inzwischen heiß ersehnten Auszug aus dem Gartenhäuschen. Doch waren das keine guten Startbedingungen, und die Ehe hielt nicht lang. Bald danach zog Renate in eine Wohnung im Londoner Stadtteil Notting Hill Gate, nur ein paar hundert Meter von der Wohnung ihrer Schwester entfernt.

Als ich 1958 geboren wurde, hatte Renate ihre Karriere bereits fortgesetzt und, wiederum bei der Arbeit, ihren zweiten Mann, Klaus Harpprecht, kennengelernt. Er war Deutscher mit protestantischem Hintergrund und stammte aus einer Familie, die das Dritte Reich nicht mitgetragen hatte. Meine Mutter war dennoch alles andere als glücklich über diese Verbindung. Für sie war es zu früh nach dem Grauen, das Millionen jüdischer Menschen erlitten hatten. Sie selbst würde erst Jahrzehnte später ihren Frieden mit Deutschland und der Vergangenheit machen.

Renate und Klaus bewegten sich beruflich in Kreisen der internationalen Politik, und so begann ihr Eheleben in Washington. Leider habe ich sie dort nie besucht, doch die magischen amerikanischen Landschaften wurden nun zur Kulisse wundervoller Geschichten, mit denen Renate mich bedachte und die anzuhören ich nie müde wurde; Geschichten eines glamourösen und exotischen Lebens, der Stoff, aus dem die Träume sind: Abendkleider aus

Goldbrokat, Nerzmäntel, Diamanten, Seidenhandschuhe bis zum Ellbogen, all das prägte sich mir tief und für mein ganzes Leben ein.

In dieser Zeit drehte Renate Dokumentarfilme, die ihrer Zeit voraus waren und die von dunklen, faszinierenden Dingen handelten. Bei einem meiner letzten Besuche fragte ich sie, in welchem Archiv ich diese Filme wohl finden könnte, doch hat diese Suche bis heute keinen Erfolg.

Mitte der 60er Jahre stand dann aus beruflichen Gründen die Rückkehr nach Deutschland an, und Klaus und Renate zogen nach Wiesbaden. Ich erinnere mich noch gut an die Bestürzung meiner Mutter über diesen Schritt. Die Schwestern, die die deutsche Judenverfolgung in ihrer schlimmsten Form erlebt hatten, drückten ihr schwieriges Verhältnis zu Deutschland, das ihnen alles geraubt hatte, auf sehr verschiedene Weisen aus: meine Mutter mit totalem Boykott, Renate, indem sie einen Platz in der politischen Landschaft Deutschlands einnahm.

Ab 1967, ich war neun Jahre alt, fing ich an, Renate allein zu besuchen. Die Abschiede von meiner Mutter in Heathrow waren stets eine bittersüße Angelegenheit, und wenn ich umgekehrt am Ende der Ferien von Renate wegfuhr, war es dasselbe. Ich unternahm diese Reisen unter den Augen einer Stewardess, die mir ein Schildchen anheftete mit den Worten: »Unbegleitetes Kind«. Und dann stand gleich Renate da, um mich in Empfang zu nehmen. In jedem Moment habe ich mich sicher und behütet bei ihr gefühlt. Auch wenn eure mittlere Tochter keine eigenen Kinder hatte, schien sie intuitiv immer ganz genau zu wissen, was ich brauchte und was mir guttat. Das größte

Geschenk, das sie mir gab, war vermutlich ihre Zeit. Ich musste nicht mit Cellos und Klavieren konkurrieren. Eine Hausangestellte namens Brigitte, die auch bei ihnen wohnte, kümmerte sich um fast alles, sodass ich das Gefühl haben durfte, während meiner Besuche die geliebte Tante ganz und gar für mich zu haben. Das Paradies!
Ich kann mich genau an die Mahlzeiten erinnern, insbesondere ans Mittagessen, das immer wunderschön angerichtet und in einem edlem Porzellanservice serviert wurde. Ich konnte nicht glauben, dass Klaus Coca-Cola trank – in meinem Elternhaus würde es das nie gegeben haben. Überhaupt kam ich bei ihnen das erste Mal mit der »korrekten« Weise, bestimmte Dinge zu tun, in Berührung. Da war der spezielle Teelöffel für Eier, die Milch immer im Krug, die Servietten in silbernen Serviettenringen ... und das Essen ganz anders als das, was ich von zu Hause kannte: Roast Beef, Salate, die schön aussahen und dufteten, immer gab es Nachtisch.
Und dann kam der beste Teil des Tages, wenn wir zwei uns in Renates gemütlichen Salon zurückzogen und die Stunde der Geschichten nahte. Ihr Raum lag direkt gegenüber einem großen Schrank im Flur, in dem einige ihrer edelsten Kleidungsstücke hingen. Ich fühlte mich auf direktem Wege ins Märchenland befördert.
Renate legte jeden Tag Make-up und Parfum auf – Eyeliner, Lippenstift, Rouge. Niemals hätte sie ungeschminkt das Haus verlassen, und das würde auch immer so bleiben. Meine Mutter hingegen hörte schon als junge Frau auf, Lippenstift zu benutzen. Gut auszusehen und gut zu riechen, war für Renate ebenso zentral, wie in einer schönen

Umgebung zu leben. Sie lernte das, so vermute ich, von dir, liebe Großmutter.
Renates Leben und ihre häusliche Umgebung erschienen mir als der Luxus schlechthin – bei ihnen hatte ich ein eigenes Zimmer, das nicht zum Esszimmer umfunktioniert werden musste.
Diese Unterschiede zwischen Renate und meiner Mutter sorgten natürlich für Spannung. Immer kritisierten die Schwestern sich gegenseitig, keine von beiden konnte es fassen, was für einen Lebensstil die andere gewählt hatte. In guten Verhältnissen und gut versorgt zu leben, war essenziell für Renate und ich denke, in gewisser Weise war es dem Horror der Vergangenheit geschuldet. Meine Mutter war das Gegenteil. Von ihr lernte ich, dass materielle Dinge nicht wichtig sind, zumindest nicht für sie, und ihre Abscheu gegenüber jeder Form von Exzess – dem also, was sie als Exzess wahrnimmt – blieb ein fortwährender Konflikt zwischen ihr und mir.
Was ich nicht weiß, ist, ob Renate von sich aus Deutschland als ihr Zuhause gewählt hätte, wenn es nicht durch Klaus' Arbeit vorgegeben gewesen wäre. Meine Besuche in Wiesbaden gehören zu den wenigen glücklichen Erinnerungen meiner Kindheitsjahre.

In Liebe,
Mayale

Berlin Moabit, ein großes unbebautes Eckgrundstück an der Levetzowstraße, Ecke Jagowstraße. Hier wäre Platz für mehrere Häuser. Stattdessen finden sich an diesem Ort ein Spielplatz mit Klettergerüst, Tischtennisplatten, ein kleines Fußballfeld. Eine gerade Reihe junger Bäume grenzt den Freizeitbereich vom Bürgersteig ab. Ich bin hierher gekommen, um dem letzten Weg von fast 50 000 jüdischen Menschen durch Berlin zu folgen. »Ihr letzter Weg«, so heißt ein Audiowalk, den es seit kurzem gibt und der vom Gelände der Großen Synagoge in der Levetzowstraße bis zum Güterbahnhof Moabit führt.

Hier, wo die Baumreihe verläuft, stand einst die Außenmauer der Großen Synagoge, höre ich. Sie war eine der größten in Berlin, fasste über zweitausend Menschen. Ich sitze auf der Bank, schaue den jugendlichen Tischtennisspielern zu und versuche mir zweitausend Menschen auf diesem Grundstück vorzustellen, betend, beieinander. Heute ist es eine kleine Freizeitinsel inmitten Straßenlärms, auf den Bänken sitzen Leute und essen etwas vom Takeaway. Ein normaler Vorfrühlingstag.

Links neben mir ragt eine schräg gegen den Himmel gestellte rostige Wand in die Höhe, schroff, imposant. Die Buchstaben auf dieser »Flammenwand« sind ausgestanzt, sodass durch sie hindurch der blaue Himmel zu sehen ist. Am 16. Oktober 1941 begannen hier die Deportationen in die Konzentrationslager. Die Tonaufnahme spricht von eintausendvierhundert Gesetzen, die seit 1933 gegen die jüdische Bevölkerung erlassen worden waren: »... ein unglaublicher Zivilisationsbruch: Beruf verloren, Wohnung genommen, kein Radio, keinen Besuch im Park, kein Theater. Einkaufen nur innerhalb einer Stunde am Tag, die jedoch in der Zwangsarbeitszeit lag. Kein Fleisch, keine Zigaretten, die Lebensmittelkarten quer über alle Abschnitte mit ›Jude‹ abgestempelt. Keine Verkehrsmittel, Einsperrung in sogenannte Judenhäuser, keinen Ausgang nach 20 Uhr, Markierung mit dem Judenstern. Gegen Menschen, die in diesem Staat gelebt haben, die Nachbarn waren. Als sie dachten, es würde nicht mehr schlimmer kommen, begannen die Nazis mit den Deportationen in die Vernichtungslager, vor aller Augen ...«

Ich schaue mich an der Straßenecke um, die meisten Häuser sind alt. Wie oft haben die Menschen, die damals hier wohnten, zusammengepferchte Gruppen die Synagoge verlassen sehen, von der SS zusammengetrieben, die Jagowstraße hinunter gejagt? Die Synagoge war in der Reichspogromnacht kaum zerstört worden, und so zwang die Gestapo die jüdische Gemeinde 1941, die Synagoge in ein Sammellager für tausend Menschen umzufunktionieren. Die Gemeindemitglieder wurden gezwungen, den mitgebrachten Besitz zu verzeichnen, Schlafplätze auf Stroh anzuweisen, Essen zu verteilen. Selbstmorde fanden statt, ein junges Paar sprang aus den oberen Fenstern der Synagoge. Von hier aus wurden die Menschen zum Bahnhof gebracht. Und da steht er, der schwerfällige Güterwaggon mitten auf dem Bürgersteig, nur unten gerade so weit offen, dass man hineinkriechen könnte. Eine Rampe führt nach oben. Ich werde nicht hineingehen. Aber ich werde einen schönen Stein suchen und auf die Rampe legen.

Die Kinder, die Familien, die an dem Waggon und der Rampe, an der Flammenwand vorbei zum Spielplatz laufen, was verstehen sie davon? Aber vielleicht ist es ja auch gut, dass es so ein belebter Alltagsort ist, denn genauso war es ja auch: Das Grauen spielte sich inmitten des Alltags ab.

Ich scheue mich, direkt über die Bodenplatte zu laufen, die zwischen Rampe und Flammenwand in den Boden eingelassen ist. Hier sind die vierunddreißig größten Berliner Synagogen verzeichnet, jede einzelne von ihnen mit einem gusseisernen Relief und ihren »Lebensdaten« verewigt. Ich frage mich, wieso so viele von ihnen erst in den späten 1950er Jahren abgerissen wurden? Prinzregentenstraße, Dresdner Straße, Lindenstraße ... Nur von sechs oder sieben von ihnen ist heute überhaupt noch etwas zu sehen. Jetzt ist ein kleiner Junge in den Waggon geklettert. Er hat den Strauß verwelkter Rosen gesehen und eine Blume genommen.

Wie empfinde ich dieses Mahnmal?, horche ich in mich hinein. Etwas in mir verbindet sich sofort mit dem an so einem Ort gesammelten und geballten Schmerz.

Ob die alten Bäume auf dem Bürgersteig damals schon standen? Ich muss an die Bäume denken, die wir nach dem Tod meines Vaters in Yad Vashem pflanzten; für die, die meiner Mutter und Renate geholfen hatten, zu überleben. Früher haben vor dieser Synagoge vier große Säulen den Eingang flankiert. Auch sie wurden mit dem beschädigten Gebäude der Synagoge selbst erst 1955 abgerissen. Wie schade ist das, schwer begreiflich. Da ist der kleine Junge wieder – er ist nochmal in den Waggon geklettert und legt die Rose zurück. Er sieht meinen Blick, winkt mir kurz zu. Ich könnte weinen.

Aber ich werde nicht in den Waggon klettern.

Ich glaube, das hier würde meiner Mutter gefallen. Sie ist leidenschaftlich überzeugt von der Wichtigkeit lebendigen Gedenkens. Von der Dringlichkeit, etwas zu vermitteln über die Wirklichkeit jüdischen Lebens, die enorme Diversität jüdischer Menschen, die so vielfältig und unterschiedlich sind wie Menschen anderer Konfessionen. Das Mahnmal hier steht mitten im Berliner Alltag, es zeigt ganz konkret die Brutalität der Nazis; Viehwaggons, in die Menschen gekarrt wurden, zusammengebunden wie Tiere. Auch mir sagt die Konkretheit hier mehr als die Abstraktion des Holocaust-Mahnmals in Mitte. Der Audiowalk spricht davon, dass es immer wieder Menschen gab, die an der Straße standen und Beifall klatschten, wenn die Deportationszüge vorbeizogen. Und es gab auch die ganz anderen: wie Werner Scharff, den Elektriker der Synagoge, der sich mit den Gestapo-Beamten gut stellte, als er merkte, was hier geschah, und dadurch Einblick in die Transportlisten erhielt. Er warnte zahlreiche Menschen vor der Verhaftung, er wurde entdeckt und nach Theresienstadt gebracht, von wo er fliehen konnte. Und er gab nicht auf! Zurück in Berlin, half er im Untergrund jüdischen Menschen, besorgte Lebensmittelkarten, Unterkünfte, falsche Papiere, sammelte eine Gruppe von dreißig Gleichgesinnten um sich. Aber er wurde verraten und im KZ Sachsenhausen erschossen. Was für ein unglaublich mutiger Mann. Es ist gut, auch diese Geschichten kennenzulernen!

Ich laufe den weiten Weg durch Moabit, durch das Gelände des Moabiter Krankenhauses und höre die schwer begreiflichen Geschichten über die Abtransporte der jüdischen Ärzte, die aus ihren Diensträumen herausgeholt und auf Bretterwagen »verladen« wurden. Ich denke nach über Hannah Arendts Wort von der »Banalität des Bösen«. Wie leicht war es damals, das »Böse« zu erkennen – und trotzdem geschah es. Mit Abstand ist es immer leicht, das Böse zu verurteilen, doch mir scheint, Unheil beginnt schon dort, wo man die Dinge vereinfacht und polarisiert. Havelberger Straße, Quitzowstraße, ich bin in einer Industriezone, laufe die Straße hinunter und erreiche die Stele, die den Beginn eines kurzen Kopfsteinpflasterwegs markiert.

Es ist derselbe alte Weg, den die Deportierten gelaufen sind. Abschüssig führt er zu jenem Stück Gleis, das erhalten blieb, um an die Ungeheuerlichkeit des hier Geschehenen zu erinnern. Auch das war ein Kampf, natürlich, wie man auf der Stele lesen kann; wie immer sahen Verkehrsplanung und Bebauungswünsche eigentlich anderes vor. Der Weg senkt sich, er verläuft parallel zum Parkplatz eines Lidl, der links oben liegt, die ganze Betriebsamkeit der scheppernden Einkaufswagen, der parkenden Autos links neben uns. Ich frage mich, wohin meine Mutter jetzt gehen würde, zum Mahnmal oder zum Lidl? Sie liebt Lidl. Rechts neben dem Kopfsteinpflaster wachsen gelbe Krokusse. Auf den Gleisen liegt ein verwelkter Blumenstrauß. Dahinter ein kleines Gelände mit Kiefern, lichte Bäume, darunter Frühlingsblumen. Die Sonne kommt raus, ich friere.

Ich möchte frische Blumen hinlegen. Also gehe auch ich zu Lidl. Ich kaufe einen Blumentopf, der ist für das Leben, und dann nehme ich eine Rose für jede Bahnschwelle und auf die letzte lege ich fünf, für die fünf Laskers aus Breslau.

Ich glaube, dass alles, was ich hier tue, von irgendwoher gesehen wird. Ich möchte Rituale finden, Orte in Berlin für die Laskers, und für mich, und an diesen Ort hier, das weiß ich schon jetzt, werde ich zurückkommen.

4 Entdecken

Liebe Großeltern,
gestern Abend hatte ich Besuch von meinem Neffen – eurem Urenkel Simon und seiner Frau, die mit ihren Kindern kurz vor mir von London nach Berlin gezogen sind. Simon ist Raphaels mittlerer Sohn. Es war ein so entspannter, schöner Abend. Der – ich musste so lachen – auf vollkommen typische Lasker-Art begann: sie kamen hereingestürmt und erklärten mir noch vor der richtigen Begrüßung, dass ihre Tochter jetzt gleich eine Cellostunde per Zoom habe, dann folgte das hektische Auspacken von Cello, Noten, einen Platz suchen, alles einrichten … wie sehr auch das durch die Generationen geht, wenngleich auf eine so viel liebevollere Weise, als es bei uns der Fall war.
Mit Simon in Berlin leben nun alle Kinder meines Bruders in verschiedenen Ländern. Über die Welt verstreut, sozusagen. Es ist verrückt, wie weit sich die Spuren einer traumatischen Geschichte in die nächsten Generationen fortsetzen. Das gilt auch für anderes, wie etwa für soziale Fertigkeiten, für Kommunikation, die Weisen, miteinander umzugehen. Erst kürzlich wurde mir klar, wie sehr

das viele Schreien und Herumgeschimpfe, das Leicht-aus-der-Fassung-Geraten und Kontrolle-Verlieren in meinem Elternhaus ebenfalls ein Ausdruck dieser verstörten Geschichten sind – und wie viel es dann für mich und meinen Bruder bedeutete, dass wir bestimmte Dinge überhaupt nicht lernten: wie man sich auseinandersetzt, wie man diskutiert, argumentiert und dabei ruhig und aufmerksam bleibt. Es erschüttert mich jedes Mal, wenn ich einen solchen Zusammenhang begreife. Hochintelligente Menschen, die manchmal in regelrecht primitive Verhaltensweisen fallen, weil sie kein Repertoire haben, kein Instrumentarium.

Ich sprach mit Simon darüber, und stellte fest, Berlin hilft uns Familienmitgliedern, die wir uns hier begegnen, einander neu anzuschauen; es ist eine Chance, den anderen wirklich zu sehen, statt nur die alten, tradierten Rollen zu bestätigen und einander überhaupt nicht wirklich zuzuhören. Genauso ist im Verhältnis zwischen uns diese Entlastung spürbar. Die Last der alten Rollen, der festgezurrten familiären Projektionen liegt nicht mehr auf uns, steht nicht mehr zwischen uns. Erst dort beginnt ja Freiheit, wo man sich jenseits alter Rollen bewegt, in meinem Fall die Rolle, immer die Verrückte zu sein, die übertreibt und dramatisiert ... Es gab hier in Berlin eine Situation, in der ich mir die Hand verbrannt hatte, und Simon sie mir so sorgsam und liebevoll versorgt hat, dass mich das innerlich sehr berührt hat.

Für mich bedeutet dieser ganz andere Boden in Berlin, auf diese eingeschliffenen, tiefsitzenden Muster mit Abstand zu blicken – und hier und da Zusammenhänge zu

verstehen. Dass ich mich in dieser Familie stets gefühlt habe wie ein Alien, das von einem anderen Stern in die Welt gefallen ist, wird mir dann verständlicher. Wie sehr die Abwertungen meiner Person eine Abwehr waren, weil ich so verzweifelt eine freundliche, warmherzige »Normalität« eingefordert habe, die es aber natürlich nicht gab.
Berlin heißt so vieles.
Berlin heißt auch, auf den Spuren eurer dreizehnjährigen Tochter Anita unterwegs zu sein, die ihr im Sommer 1938 nach Berlin reisen ließt, weil es in Breslau niemanden mehr gab, der bereit war, einem jüdischen Mädchen Cellostunden zu geben. Und so kam es, dass Anita Lasker aus Breslau in jenes Berlin kam, in dem Hakenkreuzfahnen wehten und jüdische Menschen sich dringend um Ausreise bemühten. Damals glaubtet ihr, liebe Großeltern, noch daran, dass der schreckliche Spuk bald vorbeigehen würde. Dass die wirklich wichtigen Dinge – euren drei Töchtern die bestmögliche Bildung zu ermöglichen, eurer Jüngsten den bestmöglichen Cellounterricht in Deutschland, sie zu fördern und zu inspirieren – bald wieder die wichtigsten Dinge sein würden und der Irrsinn, der seit 1933 immer weitere Kreise zog, als Irrsinn erkannt würde. Ihr konntet es euch nicht anders vorstellen.
Die Straße hieß Augustastraße, meinte eure Tochter Anita zu mir. Dort wohnte sie bei einer alten Dame zur Miete in jenen sechs Monaten 1938, die sie, bis kurz nach der Reichspogromnacht, in Berlin verbrachte.
Ich werde Verbindung aufnehmen zu der Dreizehnjährigen, die 1938 mit ihrem Cello von Breslau nach Berlin fuhr, um bei Leo Rostal unterrichtet zu werden. »Mein

Zimmer war altmodisch eingerichtet«, schrieb Anita, »und ich erinnere mich heute noch, dass 57 Bilder an den Wänden hingen. Beinahe jeden Tag gab es das gleiche Essen: Fleischklopse und Rosenkohl. Das störte mich alles gar nicht. Ich war in Berlin, verehrte meinen Cellolehrer (was mich leider nicht daran hinderte, so wenig wie möglich zu üben), fand meinen ›Schulunterricht‹ vormittags lächerlich leicht und spazierte mit Vorliebe im KaDeWe (Kaufhaus des Westens) herum ...«

Ich werde sie dort suchen gehen, eure Tochter!

In Liebe,
Maya

Augustastraße um die Ecke vom KaDeWe? Ich suche auf dem Stadtplan, aber finde keine Augustastraße um das prächtige große Kaufhaus des Westens am Wittenbergplatz, herum. Und das KaDeWe war der Dreh- und Angelpunkt der damaligen Wege meiner Mutter gewesen, an dem gab es keinen Zweifel.

Könnte es auch die Augsburger Straße gewesen sein? Ich rufe Mum an und sie bestätigt, ja, es ist die Augsburger Straße, richtig!

Es ist ein nasskalter Frühlingstag, und ich schrecke im ersten Moment zurück, die Augsburger Straße aufzusuchen. Ich merke, dass ich in diesen Tagen voller überwältigender Gefühle außerstande bin, noch Neues aufzunehmen; andere Orte außerhalb meiner neuen Wohnung aufzusuchen. Aber dann lande ich doch hier.

Dabei hatte der Tag so schlecht begonnen. Es hatte Unklarheiten über eine Veranstaltung in Hamburg gegeben, wegen der ich meinen Flug verschieben musste; gleichzeitig war das Internet zusammengebrochen. Aber dann unternahm ich einen Spaziergang zum Bahnhof Zoo, um die Tickets dort zu besorgen.

Jetzt laufe ich durch die seltsame Stadtlandschaft; es gibt nirgendwo Platz, um auszuruhen.

Dabei spüre ich so sehr, dass ich all dies nicht in der üblichen Hetze von einer Tätigkeit zur nächsten erleben will. Noch nie war mir so klar, dass mir, wenn ich den

Dingen nachjage, wie man das in unserer schnelllebigen Welt tut, wie ich das auch mehr als sechzig Jahre getan habe, Entscheidendes entgeht.

Ich setze mich auf eine Kunstinstallation, eine Schräge, aus der kleine Bäume ragen, da sind die Kaiser-Wilhelm-Gedächtniskirche, der Bahnhof Zoo, mir gegenüber das Hotel Waldorf Astoria. Ich bin im Herzen der Stadt; so nah der Gegend, in der meine Mutter vor über achtzig Jahren als Mädchen zum Cellounterricht ging.

Es ist, als ob ich zum ersten Mal merke, wie sehr ich daran gewöhnt war, das ›Zeit-Haben‹ zu vermeiden. Zeit haben, um Dinge zu spüren. Es ist so viel, was in diesen letzten drei Jahren passiert ist – alles hat sich überstürzt. Meine Mutter ist dieses Leben viel gewöhnter als ich. Jedoch möchte ich da nicht hindurchrasen, ich will dem, was passiert, Aufmerksamkeit widmen. Darauf achten, was es innerlich auslöst. Ich rief gestern Mum an und sagte zu ihr: »Ich bin erschöpft, doch mein Geist ist stark und ich fühle mich von Schutzengeln umgeben.«

»Das ist schön«, sagte meine Mutter, »ich freue mich.« Sie sagte mir das über facetime; sie lief mit mir durch die Straße, auf meine Wohnung zu. Sie wartete, bis ich meine Schlüssel rausgefummelt hatte, sie, die immer so ungeduldig war, wartete geduldig, dann durch den Hof, mit dem Lift nach oben, das war ein so schöner Moment. Nicht nur nahm sie sich Zeit, sie war ganz präsent. »Ja, Maya, das ist eine große Sache, die du da gerade unternimmst«, sagte sie zu mir.

Und das ist der entscheidende Punkt. Wenn ich zu viel in die Tage packe, verpasse ich, was der Moment mir sagen will. Mein Gefühl ist, dass ich ungelebte Leben lebe. Da ist diese Dringlichkeit, sie gibt ein seltsames Tempo vor, begleitet mein gesamtes Tun. Ich hatte in meine Notizen »ungeliebte Leben« geschrieben statt »ungelebte Leben«. So hatte ich es nun vor Augen. Freud würde so etwas als Entgleiten der Zunge begreifen, ein mit Bedeutung gefüllter Versprecher. So viele Momente ... alles erscheint mir außergewöhnlich. Was immer ich tue, es ist schon Millionen von Malen zuvor gemacht worden und Millionen werden folgen ... Aber ich? Ich kann nicht ... ich werde nicht zwischen dem Alltäglichen und dem Besonderen unterscheiden. Da jede Erfahrung Beweis ist, dass die ›Endlösung‹ des Dritten Reichs, Deutschland des ›Judenproblems‹ zu entledigen, doch nicht so final war. Als ich die offizielle Anmeldung erhielt, ein Papier, das meiner Familie verwehrt worden war und gemeinsam mit dem Reisepass meine deutsche Staatsbürgerschaft bestätigte, war es mir seltsam zumute. Im Grunde empört es mich, dass dieses offizielle Gehabe der Standard für vertriebene Juden war, ich war innerlich entrüstet, dass jene von uns, die zurückkehrten, nicht in einer würdevolleren Art und Weise begrüßt werden, diesem Anlass angemessen und mit Respekt gegenüber all dem, was wir verloren hatten.

Was würden sich meine Großeltern wohl dabei denken, wenn sie ihrer Enkelin Maya Lasker-Wallfisch bei dem Versuch zuschauen könnten, sich in Berlin ein Leben aufzubauen. Würden sie es für gut oder mich für unklug befinden? Würden sie sich fragen, so wie ich es tue, ob ich etwa versuche, mein Leben rückwärts zu führen? Ein Neuanfang ist unmöglich, ebenso wie herauszufinden, was genau ich erreichen möchte: Aber bei einer Sache bin ich mir sicher, ich werde versuchen, ein Gespür für das zu bekommen, was mir so wie vielen anderen weggenommen wurde.

Als ich das Büro mit dem neuen Dokument in der Hand verließ und vor dem riesigen Amtsgebäude stand, war alles ganz still. Auf den Straßen hatte sich nichts verändert. Keine Fanfaren, kein ›Mazel tov‹ von irgendjemandem, der die passenden Worte für diesen merkwürdigen Moment gefunden hätte.

Ich habe das Gefühl, mein gesamtes Leben am falschen Ort gelebt zu haben, dass ich am falschen Platz geboren wurde. Mein Bruder sagt, ich sei ein verwirrtes, verstörtes Kind gewesen. Früher wäre das alles, was ich nun erlebe, nicht möglich gewesen. Es ist eine Sache von Entwicklung. Ich musste dafür bereit sein. In meiner Jugend war Berlin ein Ort voller Trauma und Trauer. Und jetzt empfinde ich eine neue Atmosphäre, ein Gefühl der Hoffnung, alles scheint möglich. Diese Tage sind so voller Freude und voller Schmerz, wie ich es hier noch nie zuvor empfunden habe. Aber eine andere Stimmung drängt sich auf.

Ich sitze am Bordstein, mit Blick auf die Gedächtniskirche. Ich rauche meine Zigarette, frage mich, ob ich jetzt in die Augsburger Straße gehen soll. Ich habe ein Bild im Kopf: Ich stelle mir meine dreizehnjährige Mutter vor in diesen Straßen, auch sie rauchend. Anita liebte ihre Freiheit in diesem halben Jahr, sie hatten es faustdick hinter den Ohren, die Lasker-Mädchen.

Welches der Häuser aber ist es? An die Hausnummer

kann meine Mutter sich nicht erinnern. Die Augsburger Straße verläuft hinter dem Ku'damm und endet in der Nähe des KaDeWe. Ein Gewirr von Straßen, die in spitzen Winkeln zueinander liegen; anders als in meinem Kiez in Charlottenburg sind die unzerstörten Gründerzeithäuser hier in der Minderzahl, ja, so dezimiert, dass die wuchtigen Bauten aus den letzten zwanzig Jahren das Gesicht der Straße bestimmen. Da ist die prachtvolle Nummer 21, schneeweiß, mit Erkern und Säulen, sie steht für viele andere, die die Straße vor dem Krieg gesäumt haben mögen. Es gelingt mir, hereinzuschlüpfen, als der DHL-Bote kommt, die Fliesen am Boden, das wuchtige Geländer aus schwerem Eichenholz ... ansonsten gibt es nur noch einen einzigen Straßenzug, der aus der alten Zeit stammt. Ich laufe die Straße auf und ab, und dann freue ich mich darüber, dass ich von der Augsburger Straße in einer Viertelstunde zurück bei mir in der Wohnung bin.

Inzwischen ist der Frühling da, ich habe Primeln, Narzissen, Krokusse, alle Farben auf meinem Balkon; Gelb, Rosa, Lila, die Krokusse ragen schon aus den Töpfen. Die Räume sind vollständig eingerichtet, es gibt kleine Sitzgruppen, Blumen überall.

Ich war in London, und ich habe mein Berliner Zuhause vermisst in den letzten Wochen! Bestimmt hat das mit der Atmosphäre zu tun, die ich hier um mich herum spüre; diesem Gefühl von Richtigkeit. Von Leichtigkeit auch. Ich spüre es jedes Mal sehr deutlich, wenn das wieder vergeht; wenn etwas anderes auf dieses Lebensgefühl übergreift, wie es mir so oft in London passiert, wo ich mich so oft beschwert und belastet fühle. Wobei mir natürlich bewusst ist, dass diese Dinge auch mit einem reisen ...

Zum ersten Mal komme ich nach Berlin ohne einen engen Terminkalender. Stets waren die Tage bisher voll mit Lieferungen, die eintrafen, mit Ämtergängen und allerhand Bürokratie, mit all dem, was es braucht, um sich an einem neuen Ort, in einem neuen Land niederzulassen. Dieses Mal ist das anders. Und auch das bringt ein ganz anderes Gefühl mit sich. Eigentlich wollte ich schon letzte Woche zurück in Berlin sein, aber ich war krank, es war schrecklich. Ich rief meine Mutter an, weinte, wusste nicht, was los war. Es waren schwierige Wochen. Aber sobald es mir besser ging, entschied ich mich, herzukommen – ich wollte wissen, was es mit diesem Gefühl von »am richtigen Ort sein« auf sich hat.

Meine Tage hier in Berlin sind anders. Ich werde morgens schon mit dem Gefühl wach, bei mir zu sein, einfach bei mir selbst, und nichts sonst – statt wie in London so beschwert nicht nur von der komplizierten Familiengeschichte, sondern auch von den Rollen, die sie an uns verteilt hat, wobei ich nicht sehr gut weggekommen bin. Freudlos, depressiv – so ist mein Lebensgefühl über lange Zeit gewesen. Mein erstes Gefühl am Morgen: Wie komme ich durch den Tag? Wie kann ich ihn verkürzen, dass er schneller vorbei ist? Ich habe viele Strategien entwickelt, mich abzulenken und zu zerstreuen, um diese Lebensschwere nicht ständig zu spüren. Wenn ich diese Kreativität nicht hätte, wäre ich womöglich nicht mehr am Leben.

Hier in Berlin ist es anders – was gar nicht unbedingt

davon abhängt, ob ich spannende Dinge erlebe. Gestern war Freitag, der Schabbat-Abend, und ich bin auf der Suche nach einer jüdischen Bäckerei, wo es traditionelles Challah-Brot gibt, lange herumgeirrt. Es war mir auf einmal sehr wichtig, bei meiner Suche erfolgreich zu sein. Vielleicht um einen Anker der Tradition zu finden oder dem Wunsch nachzukommen, an einem archaischen Ritual teilzunehmen, das alle Juden der Welt vereint. Nach gut einer Stunde gab ich auf. Ich kehrte nach Hause zurück, hungrig, ohne mein Challah, und nahm mir vor, mich beim nächsten Mal besser zu informieren.

Ich würde gern Freunde finden, ich möchte Deutsch lernen, obwohl mir das so schwierig vorkommt. Manchmal traue ich mich, zu experimentieren, beim UBER Fahren etwa, die Fahrer sind schlechte Kommunikation gewöhnt, aber für mehr habe ich selten das Selbstvertrauen.

Es ist eine Freude, die Stadt kennenzulernen und ab und zu etwas wiederzuerkennen. Ich ging die Pestalozzistraße herunter und bemerkte zum ersten Mal, dass der Gehweg vor der Synagoge gepflastert ist mit Stolpersteinen. Die Freys und die Baers, die Wolfsohns und die Zeidas, Oppenheims, Schuberts .... Mein Wunsch, bei einem Gebet dabei zu sein, wuchs. Ich lief weiter, stand auf dem Savignyplatz und wusste, in welche Richtung es nun weiter zum Ku'damm gehen würde. Auch das war ein Moment des Ankommens.

5
Erinnern

Liebe Großeltern,
in der Zeit nach Renates Tod wurde mir in aller Deutlichkeit bewusst, dass eure Familie schon vor dem Holocaust in grundlegenden Dingen gespalten war.
Es war Mariannes leidenschaftlicher Zionismus, der sie vor dem Schicksal rettete, das die anderen Familienmitglieder ereilte. Für sie war er eine machtvolle Vision, aber wie kam es, dass dies nicht auch für ihre jüngeren Schwestern galt? War die Jüdische Jugendbewegung in Breslau derart einflussreich? Vermutlich ja, denn ich weiß, dass ihr eure Töchter in diesen Dingen nicht zu beeinflussen versuchtet. Eure älteste Tochter war eine echte Pionierin. Mum erzählte kürzlich, dass Marianne schon einige Jahre vor der NS-Tyrannei dem bürgerlichen Lebensstil der Laskers eher desillusioniert und kritisch gegenüberstand.
Ihr wisst von der Balfour Deklaration, die am 2. November 1917 von Außenminister Arthur James Balfour an den britischen Zionisten Walter Rothschild erging und mit der die britische Unterstützung bei der »Errichtung einer nationalen Heimstätte für das jüdische Volk in Palästi-

na« zugesagt wurde. Israel wurde letztendlich dann doch erst am 14. Mai 1948 gegründet, Veränderung dauert eben mitunter zu lange. In einem Brief, den Marianne am 4. Juni 1945 an ihre Schwestern im befreiten Bergen-Belsen schrieb, wird ihre Haltung ganz deutlich:

»Du fragst mich, ob ich immer noch nach Palästina gehen will. Hundertprozentig. Die Ereignisse der letzten Jahre haben mich nur noch stärker davon überzeugt, dass das der richtige Weg ist. Dass Palästina das Zuhause der Juden ist und keine abstrakte Überlegung, sondern längst eine Tatsache. Wir wollen nicht ewig über die Erde streifen in Abhängigkeit von der Gnade anderer Nationen, oder von ihrem Fehlen. Wir wollen etwas aufbauen, das unser Eigen ist. Wir Juden haben Stärke in unserem Leiden bewiesen, und nun wollen wir mit dieser Stärke etwas aufbauen.«

Trotz der Jahre erzwungener Trennung respektierten eure drei Töchter ihre gegenseitigen Unterschiede, ganz so, wie ihr es ihnen vermittelt hattet. Und erwarteten also nach dem Krieg nicht voneinander, aus der nun zurückgewonnenen Freiheit heraus alle ins selbe Land zu gehen, um dort ihre jeweiligen Leben aufzubauen. Sie hatten ja auch, wie ihr wisst, ganz unterschiedliche Ambitionen, Anita verfolgte ihre musikalische Karriere in London, Renate startete zunächst beim Radio, bevor sie als Journalistin bei der BBC arbeitete.

Diese unterschiedlichen Lebensentwürfe prägten natürlich nicht nur sie selbst, sondern auch besonders die nachfolgende Generation. Ich traf meine Cousine Michal zum ersten Mal, als ich einundzwanzig war und sie dreiund-

dreißig, eine junge Mutter von drei Kindern, die im Kibbuz HaMa'apil im Norden Israels lebte. Marianne war 1945 eine der Mitgründerinnen des Kibbuz gewesen. Michal und ihr jüngerer Bruder Amir waren unter Bedingungen aufgewachsen, die von den unseren in London nicht verschiedener hätten sein können.

Damit meine ich besonders etwas, das mir immer ins Auge sprang: das starke Identitätsgefühl der ins neue Land Israel Hineingeborenen. Sie sind trotz ihrer europäischen Wurzeln ganz eindeutig Israelis. Vermutlich hat es seinen Ursprung in dem unbestreitbaren Stolz darüber, dass ihre Lebenskultur, die die Nazis so unbedingt zu vernichten versuchten, in Wahrheit unzerstörbar war.

Das jüdische Volk ist geübt darin, das Zerstörte wiederaufzubauen. Diese angeeignete Heimat, dieses idealisierte »neue Land« für die seit Jahrhunderten wandernden Juden, war kein Ort der Ambivalenzgefühle: etwas, was ich mit Neid betrachte. Die im neuen Land Geborenen wuchsen auf im Gefühl, am richtigen Platz zu sein, völlig berechtigt – weder Besucher noch Flüchtlinge, sondern Israelis. In einer komplett jüdischen Gesellschaft, umgeben von anderen Juden, scheinen mir ihr Gemeinschaftssinn und selbstverständliches Engagement ein integraler Aspekt ihrer Identität zu sein.

Die erste Generation bestand vorwiegend aus Holocaust-Überlebenden, den »Jeckes«. Der Name bezog sich auf ihren Aufzug mit Jackett und Schlips, mit dem sie ins Land gekommen waren, bevor sie dann die Arbeitsoveralls und Stiefel anzogen, die bald zu ihrem neuen Alltag und Klima besser passen würden. Diese Atmosphäre der ersten Jahre,

als Tausende traumatisierter Menschen in dem winzigen Land ankamen, ist schwer vorstellbar. Über eines bin ich mir sicher; das gemeinsame Ziel, von dem sie zusammengehalten wurden, schuf eine Energie und also Kraft, die die Hoffnung auf eine bessere Zukunft für das jüdische Volk stützte. Traurig genug, dass, wie in den meisten Träumen, der Staat Israel auf dem Boden des früheren Palästina nicht wirklich das Land war, in dem »Milch und Honig fließen«, zumindest für viele nicht.
Es ist eine Tragödie, dass das Schicksal des jüdischen Volkes nach dem Holocaust so politisiert und »nationalisiert« wurde. Für mich scheint Israel ein machtvolles Paradox zu repräsentieren. Einerseits ist es das historische Juwel, das bedeutende Momente erlebt und bezeugt hat, zugleich aber für alle Konfessionen auch ein Schauplatz blutiger Konflikte, der zu vielen Spaltungen beiträgt.
Es ist nicht genug Platz in der Herberge, so viel jedenfalls ist sicher.

In Liebe,
Maya

Das Taxi hält direkt vor dem Bahnhof Grunewald.

Ich steige aus, und wieder trifft mich das Idyllische dieses Ortes mit voller Wucht. Dieser wunderschöne Bahnhofsvorplatz, in den zwei Kopfsteinpflasterstraßen münden, auf der einen Seite ein kleiner Biergarten mit grünen Schirmen draußen, gegenüber ein Laden, vor dem Obst und Süßigkeiten in Auslagen liegen. Schön wie aus einem Bilderbuch, so erschien mir dieser Platz, als ich ihn zum ersten Mal sah, schön wie in einem Märchen.

Heute bleibe ich erst einmal stehen, nehme mir Zeit, das Ganze zu erfassen.

In schwarzen Großbuchstaben ist es vorne am Bahnhof angezeigt: »GLEIS 17. Mahnmal«. Man kann das Mahnmal entweder über die rechts ansteigende, kopfsteingepflasterte Rampe oder durch einen kleinen Fußgängertunnel erreichen. Der Tunnel ist aus gelben Backsteinen rund gemauert, eine freundliche Architektur. Man geht hindurch und alle zehn Schritte führen Treppen hoch zu den einzelnen Bahnsteigen, nach Osten Ahrensfelde und Strausberg, nach Westen Wannsee und Potsdam. Es ist ein normaler Frühlingstag, Leute schieben ihre Räder durch den Tunnel, führen ihre Hunde spazieren.

Vor vier Jahren kam ich zum ersten Mal hierher, zusammen mit meiner Mutter, begleitet von einem Filmteam. Die Filmleute wollten Mum im Bild haben, wie sie die Treppe vom Gleis 17 herunterkommt. Während ich die Treppe hochlaufe, fällt mir die Szene wieder ein, meine Mutter war alles andere als begeistert von dieser Aufgabe, wieder und wieder dasselbe zu tun, zu posieren. Oben am Ende der Treppe das Schild: »Zum Gedenken an die 1941–1945 durch Züge der Deutschen Reichsbahn in die Todeslager Deportierten. 27. Januar 1998. Errichtet durch die Deutsche Bahn AG.« Über 35 000 Berliner Juden waren es, die zuvor in den Sammellagern der Stadt zusammengetrieben worden waren und nun von fünf Rampen des Güterbahnhofs in die Vernichtungslager deportiert wurden. 186 Güterzüge, pro Zug 30 bis 40 Waggons. Pro Waggon 60 Menschen.

Zahlen begegnen mir auch auf den 186 Gitterrosten, die ich oben auf dem Gleis vorfinde, für die Ewigkeit eingraviert, Platten aneinandergelegt, eine dicht an der anderen, ein langer Weg ans andere Ende vom Gleis. Jeweils am Rand der Gitterroste stehen in metallenen Buchstaben die Angaben zu den einzelnen Transporten: »28. 10. 1942 / 100 Juden / Berlin–Theresienstadt.« »26. 10. 1942 / 800 Juden / Berlin–Riga.« »24. 9. 1942 / 100 Juden / Berlin–Theresienstadt«. Glatt hundert Menschen, glatt achthundert? Das kommt mir unwahrscheinlich vor. Wie Angaben auf Großpackungen, in denen es auf einen mehr oder weniger nicht ankommt. Schwarzer Schotter rechts und links neben den Rosten, daneben, tieferliegend, die Bahnschienen, seit damals unverändert. Ihnen entlang verläuft ein Tunnel aus Bäumen auf dünnen Stämmen, die winterkahlen Kronen sind zueinander geneigt. Es sind ein paar Birken darunter. Meine Mutter hasst Birken. Sie erinnern sie an Auschwitz. Die Vögel zwitschern. Sie wissen nicht, wo sie sind, sind von dieser Last befreit. Am Ende des Bahnsteigs verlieren sich die Gleise zwischen den Bäumen.

Als ich das erste Mal hier war, hatte ich keine Ahnung, was mich erwartete. Damals liefen meine Mutter, eine Freundin und ich außen herum die Rampe hoch. Wie eine Vorbereitung auf das, was kommt, geht man an einer weißen, unregelmäßig geformten Mauer entlang, eine achtzehn Meter lange Reliefwand des Künstlers Karol Broniatowski. Weißer, unbehauener Stein – so wirkt es –, in den die Umrisse menschlicher Körper eingedrückt sind. In diesen Lücken, diesen Leerräumen lagen damals Blumen, liegen auch heute Rosen.

Dann steht man plötzlich auf diesen Rosten, blickt auf die Gleise. Damals traf mich erst dort die plötzliche Erkenntnis, wo ich war, was dies für ein Ort war. Wir wurden von Herrn Kilian begleitet, einem guten Freund meiner Mutter. Ich weiß noch, dass ich genau wie jetzt diese großen, schönen, alten Häuser direkt neben den Gleisen erblickte, Grunewaldvillen, unzerstörte Gründerzeithäuser, das Fachwerk auf der Rückseite des Bahngebäudes. »Wie kann das sein?«, fragte ich damals Herrn Kilian, »diese Häuser stehen so dicht an den Gleisen, die Leute müssen doch alles mitbekommen haben?« »Sie zogen die Gardinen zu«, antwortete Herr Kilian. Meine Mutter blieb gleichmütig. »So ist das eben«, sagte sie.

Meine Mutter wollte wissen, was aus Bergen-Belsen geworden ist, wohin Renate und sie von Herbst 1944 bis Mai 1945 verschleppt worden waren. Da ist sie ganz anders als ihre Schwester. Renate ist an keinen dieser Schreckensorte zurückgekehrt. Es ist ihr für die längste Zeit ihres Lebens gelungen, sich in einer ganz anderen Welt einzurichten; einer, die weitestmöglich entfernt war von diesem Grauen. Meine Mutter aber will die Orte sehen, da ist sie ganz klar. In ihrem Buch schrieb sie:

»Mein maßloser Hass auf Deutschland und die Deutschen ist der Zeit und wohl auch einer gewissen Maturität zum Opfer gefallen. Mit ›Hass‹ vergiftet man nicht nur seine Umwelt, man vergiftet sich selbst. Meinen Eid, nie mehr meine Füße auf deutschen Boden zu setzen, habe ich gebrochen, und zwar 44 Jahre nachdem ich ihn geleistet habe.

Von Tourneen in Deutschland mit dem Orchester, dem ich angehöre, war ich immer automatisch dispensiert gewesen. Als ich aber auf der Liste der bevorstehenden Engagements die Namen Celle und Soltau sah, wurde ich eidbrüchig. Diese Orte befinden sich in der unmittelbaren Nähe von Belsen, und ich wollte ganz einfach sehen, was nach so vielen Jahren aus dem Lager geworden ist.

Bereut habe ich es nie.«

Ich selbst habe meine Mutter mehrfach an diese Orte begleitet; auch, als sie nach Birkenau reiste. Und dort passierte dasselbe wie hier im Grunewald: Kaum sind wir angekommen, bewegen wir uns in entgegengesetzte Richtungen. Wir sind an diesen Orten nicht gemeinsam unterwegs.

Hier wie dort ging ich allein, fühlte mich allein. Weinen würden wir beide an solchen Orten nicht. Nicht, wenn es für andere sichtbar ist.

Natürlich kann ich meine Reisen an diese Gedenkorte in keiner Hinsicht mit denen meiner Mutter vergleichen. Ich komme immer freiwillig. Sie rufen keine Erinnerungen aus dem eigenen Leben wach. Was ich aber erleben muss, ist, dass meine Mutter an diesen Orten immer für sich ist, undurchdringlich, unerreichbar. Das ist sie auch oft in ihrem Wohnzimmer; da ist eine Grenze, durch die man nicht dringen kann. Mum ist dann nicht vorhanden, ganz und gar woanders.

Hier im Grunewald kommt nun die Sonne raus. Zwischen den Gleisen wächst Gras. In dem Buch über »Jüdische Orte in Berlin«, das ich mir besorgt habe, steht: »Die künstlerische Installation ist begehbar; durch die Perforation kann Gras wachsen, wenn das Mahnmal nicht regelmäßig aufgesucht und begangen wird.« Wenn man von den Rosten hinuntergeht, ein bisschen ins Unterholz hinein, ist da wieder die schöne Rückseite des Bahnhofsgebäudes zu sehen, das verblichene Fachwerk, und ich versuche mich wie damals zu orientieren in etwas, in dem es keine Orientierung gibt.

»Nachher gehen wir Kaffee trinken und Kuchen essen«, hatte ich vor vier Jahren begeistert gesagt, mit Blick auf diese netten kleinen Lokale. Nachdem ich dann aber verstanden hatte, wo wir waren, fühlte sich das vollkommen falsch, geradezu unmöglich an. Meine Mutter aber wollte genau das, und so gingen wir damals Kaffee trinken und Kuchen essen.

Wenn meine Mutter nach ihren Erinnerungen gefragt wird, dann sagt sie manchmal, »Was heißt Erinnerungen? Was meinen Sie? Das ist ja nicht vergangen, es ist alles immer da. Es hat alles eingefärbt, das ganze Leben. Nichts ist seither je mehr dasselbe.« Es ist, so sagt sie es, eine andere Wirklichkeit, in der sie lebt. In ihrem Buch beschreibt sie es an einer Stelle ganz deutlich:

»Wie komplett auch die Integration der ›Überlebenden‹ in eine Normalität sein mag, immer verbleibt ein unantastbares Gebiet, das der Alleinbesitz derer ist, die auf unerklärliche Weise verschont geblieben sind.«

Das macht es für mich manchmal schwierig, weil natürlich auch ich nicht zu denjenigen gehöre, die durch das Überleben zusammengeschweißt sind. Ich frage sie nach Erinnerungen, oder ich erzähle ihr Dinge, so wie vor einigen Tagen, dass ich von ihrem Enkel Simon erfahren habe, dass er im großen Berlin sein Studio ausgerechnet in der Augsburger Straße hat! »Mum, stell dir vor, in der Augsburger Straße! Dort, wo du vor achtzig Jahren zur Miete gewohnt hast, mit deinem Cello, hat jetzt dein Enkel ein Studio als Musiker, ist das nicht verrückt?« Zunächst bleibt sie ungerührt, cool. »Na und?« Dann sagt sie zu mir: »Du, Maya, bist die, die in der Vergangenheit lebt. Ich lebe in der Gegenwart.« Worauf ich entgegne: »Aber auch deine Geschichte ist doch voller unglaublicher Koinzidenzen. Denk doch an die roten Schuhe in Auschwitz, durch die Renate und du euch wiedergefunden habt! Über diese Dinge sprichst du doch auch die ganze Zeit!« Dann kann es sein, dass sie milder wird und sagt: »Ja, das ist tatsächlich bemerkenswert, dass es dieselbe Straße ist ...«

Aber so ist sie, immer glasklar, es gibt Schwarz und Weiß, alles andere fällt in ein Hinterland, mit dem sie nicht viel zu tun haben will. Und irgendwo in diesem Hinterland bin eben auch ich; ich, die es nicht nur mit Drogen in die Dunkelheiten gezogen hat.

6

Bewahren

Liebe Großeltern,
ich denke oft darüber nach, wie verschieden meine Mutter und ich mit unserem jeweiligen Zuhause umgehen, wie wir es überhaupt erst finden, wie wir es dann gestalten.
In meiner gesamten Lebenszeit hatte meine Mutter nicht mehr als zwei Adressen. Ich hatte neun. Umziehen, und alles, was damit verbunden ist, gehört wahrscheinlich zu den wenigen Dingen, die ich besser beherrsche als sie.
Mum mag Veränderung überhaupt nicht und die Bindung an ihr Haus ist absolut und keinerlei Schwankungen unterworfen. Wenig, wenn überhaupt, hat sich in ihrem Haus verändert, seit ich dort vor fast fünfzig Jahren ausgezogen bin.
Mum hat kein Bedürfnis nach Schönheit, Wohnlichkeit; was nicht praktisch ist, braucht sie nicht. Darauf, dass sie dieselben Kochtöpfe benutzt wie vor siebzig Jahren, ist sie eher stolz, zumindest aber ist es für sie völlig normal. Ich habe die Fotos aus eurem Breslauer Wohnzimmer gründlich unter die Lupe genommen, und da scheint es sich mir um einen Raum voller schöner Dinge zu handeln: Spitzendecken auf den Tischen, edle Möbel …

Vielleicht würde sich etwas davon auch in Mums Stil ausdrücken, wenn ihr mehr Jahre, mehr Zeit miteinander gehabt hättet. Ganz sicher jedenfalls hat diese Freude an schönen Dingen in mir ihr Echo gefunden. Wenn Mum das einmal so sehen könnte, wäre sie an der Stelle vielleicht weniger kritisch mit mir und dem, was sie als »Extravaganz« wahrnimmt.

Ich weiß aus den Erzählungen, dass euer Breslauer Zuhause gemütlich und harmonisch war, auch wenn es strenge Regeln gab. Den Töchtern war zum Beispiel nicht erlaubt, in den Lehnstühlen zu sitzen; Mum erzählt, dass sie ausschließlich für die Erwachsenen reserviert waren. Irgendwie bahnten sich diese Regeln ihren Weg auch ins Leben unserer Familie, nicht unbedingt explizit, aber was bei anderen Leuten »normal« war, gemütlich zu sitzen etwa oder sich etwas aus dem Kühlschrank zu holen, kam bei uns nicht vor.

Der einzige bequeme Stuhl in Mums Wohnzimmer ist einer, den sie von mir übernommen hat, und ich denke, manche ihrer vielen Gäste werden ihn mit Erleichterung zur Kenntnis nehmen, weil sie nicht befürchten müssen, dass einer von Mums altersschwachen Stühlen unter ihnen zusammenbricht. Während ich das schreibe, fällt mir ein, dass es bei Renate ganz genauso war. Wahrscheinlich geht das auf euer strenges Familiengebot zurück. Mum erzählt, dass aufrechtes Sitzen in guter Haltung als etwas sehr Wichtiges betrachtet wurde.

Ich sehne mich danach, dass Mum sich mehr Komfort gestattet. Es tut mir jedes Mal weh, ihr »so geht's doch auch« zu hören. Wenn ich versuche, die Sofas zu zählen, die in meinem Leben gekommen und gegangen sind, zähle ich mindestens zwölf – meine Mutter hingegen hatte und hat ein einziges!

Diese große Kluft in Sachen Haushaltsführung, die zwischen uns seit jeher besteht, ist nicht zu schließen, sie ist einfach zu groß. Es gibt diesen Ausspruch »An Englishman's home is his castle«, – »Dem Engländer ist sein Zuhause sein Schloss«. Und ja, das gilt so sehr für meine Mutter, obwohl sie natürlich keine »Englishwoman« ist. Zuhause ist für sie tatsächlich, wo ihr Haus ist; und das gilt, glaube ich, relativ unabhängig von der Umgebung. Wenn ihr Zuhause mobil wäre, wer weiß, vielleicht könnte es auch ganz woanders stehen. Viele der Werte, die Mum in England so geschätzt und bewundert hat und die auch dich, Großvater, zu einem anglophilen Menschen gemacht hatten, existieren ja sowieso längst nicht mehr, außer für die Oberschicht, zu der wir aber nicht gehören.

Meiner Mutter gaben ihr Haus, ihre Identität als Cellistin sowie ihre große, engagierte Entschlossenheit, das Leben wiederaufzunehmen, das der Familie in Deutschland entrissen worden war, einen klaren Zweck im Leben, einen neuen Ort, eine neue Zugehörigkeit. Sie fand nach dem Krieg einen phantastischen Cellolehrer und wohnte schon bald in der Finchley Road im Norden Londons in einem Haus zusammen mit anderen Musikern. Diesen war wiederum meine Mutter sehr willkommen. Nie versäumt sie es, an diese Zeit zu erinnern, wenn wir an diesem Haus vorbeikommen.

Mum und ihre Mitbewohner aus der Finchley Road blieben Freunde und Kollegen fürs Leben. Ich war ungeheuer nei-

disch auf das Gemeinschaftsgefühl, bin aber auch dankbar, dass Mum das hatte. Das war es, denke ich, was sie gesund bleiben ließ nach der Hölle, die sie überstanden hatte. Schließlich zogen meine Eltern in eine eigene kleine Wohnung. Ein einziger Raum, in dem sich alles abspielte: Essen, Schlafen, Üben. Die Fotos aus dieser Zeit zeigen meine Eltern als junges verliebtes Paar. Irgendwie waren sie immer frei von dem Bedürfnis, mehr haben zu wollen, als sie brauchten, und ihr Bild davon, was »man braucht«, beschrieb eine äußerste Knappheit. Nie stellten sie sich vor, dass ihre Kinder mehr bräuchten. Dass ich mehr bräuchte. Vor dem Hintergrund dieser Kindheitslandschaft ist es nicht schwer, sich vorzustellen, wie meine Liebe zu Dingen nicht nur missverstanden, sondern als abscheulich bewertet wurde. Auf mich wirkt es ziemlich ironisch: Meine liebe Mutter, die das »Normale« so sehr ersehnt und die gleichzeitig nicht fähig war, etwas von dem zu übernehmen, was in den meisten Familien als normal angesehen und praktiziert wurde.

Wenn ich versuche, mich an die Atmosphäre bei uns zu Hause zu erinnern, dann fällt mir die große Anspannung ein, die oft herrschte. Die vielen Abwesenheiten meiner Mutter. Ich bin mir ziemlich sicher, dass es eine ganz andere Atmosphäre war als die, die früher in eurer Wohnung herrschte. Mum selbst hat mir die lockere Stimmung eures Zusammenlebens als fünfköpfige Familie beschrieben. Nein, so war es bei uns tatsächlich überhaupt nicht. Oft war ich es, die dafür verantwortlich gemacht wurde, aber natürlich ist das Ganze komplexer. Ich reagierte mit Unglück auf ihre Unverfügbarkeit.

Für mich war es nicht optimal, dass Mums Leben das einer Musikerin auf Tourneen war, ich vermisste sie schmerzhaft. Für Mum hingegen war genau das Orchester die Gemeinschaft, die ihr entscheidende Erfahrungen bot. Dort war ihre Identität nicht die einer Überlebenden, sondern die der hochkarätigen Musikerin, und in dieser Rolle, glaube ich, fühlte sie sich am allerwohlsten.
Was also ist es, was ein Haus zu einem Zuhause macht … zu einem Ort, an dem man immer willkommen ist?
Ich habe mich nie völlig von dieser Zeit damals erholt, in dem Sinne, dass ich in diesem Haus, wo meine Mutter inzwischen alleine lebt, immer unter einer gewissen Anspannung stehe. Ich habe kein Gefühl von »nach Hause kommen«, und es ist ganz wichtig, nichts von mir dort zu lassen. Alte Gewohnheiten sterben nicht. Im Gegenteil, sie schleifen sich immer stärker ein. Es ist wirklich seltsam, dass derselbe Ort, der für meine Mutter Sicherheit, Wärme, Geborgenheit bedeutet, in mir Angst auslöst.
Wenn so vieles verloren ging, schafft das ein Bedürfnis, alles neu zu regeln und einzustellen: wie viel Essen man braucht, wie viel Bequemlichkeit. Eher eine Dusche als ein Bad – eine heiße Badewanne ist »Luxus«. Und so weiter! Das sind nur ein paar der normalen Bedürfnisse, die für mich eingefärbt sind von der Geschichte meiner Mutter.
Liebe Großeltern, ich, euer jüngstes Enkelkind, bekenne mich schuldig, »alles« zu wollen!

In Liebe,
Maya

Was für ein stiller Platz.

Ich bin noch in Berlin, es war leicht, hierherzukommen – aber zugleich ist man hier in Weißensee, im Nordosten von Berlin, auch weit weg. Woanders. Der Betrieb auf den breiten Straßen, die von der Tramhaltestelle hierherführen, scheint um einige Umdrehungen langsamer, es kommt mir vor, als gäbe es die kleinen Läden noch gehäufter, da vorne »Antik und Tee«, ein paar Treppen in ein Basement hinunter, da habe ich mir gleich altes Berliner Geschirr und Schmuck aus Gründerzeiten angeschaut.

Nun bin ich angekommen auf dem Friedhof. Eine niedrige Kuppel, Mauern, ockergelber Backstein, sofort fühle ich mich an die Unterführung im Grunewald erinnert, durch die man zum Gleis 17 läuft. Dahinter Baumkronen, Vogelgezwitscher. Doch hier meint man, mitten in einer Stadt der Toten zu stehen, die selbst gar nicht tot ist.

Der Friedhof in Berlin Weißensee ist der größte Jüdische Friedhof Europas, lese ich auf der Informationstafel. 115 000 Grabstellen. Als er 1879 angelegt wurde, gehörte Weißensee noch nicht zu Berlin, aber die Friedhöfe in der Großen Hamburger Straße und in der Schönhauser Allee deckten den Bedarf nicht ab.

Ich musste unbedingt hierher, nachdem ich in einem alten Fotobildband gelesen hatte, was Rabbiner Martin Riesenburger, der auf dem Friedhof Weißensee die Nazijahre überlebte, über diese Zeit geschrieben hat – die

»Tragödie, welche nie aus meinem Gedächtnis schwinden wird«, wie er es ausdrückte. »Das große Zusammensinken des Gemeindekörpers der Berliner Jüdischen Gemeinde vollzog sich hier auf diesem Friedhof, aber unter der Asche ließen wir wenigen das Feuer weiterglühen, in der stillen Hoffnung, es wieder zu einer hellen Flamme zu entfachen ... Wenn Menschen so Tag für Tag und Nacht für Nacht in Angst vegetieren mußten, wenn man nur in Verstecken, ausgestoßen von der Menschheit, leben durfte, um vielleicht in der nächsten Minute ›verpfiffen‹ zu werden – denn das Denunziantentum stand in vollster Blüte –, wenn man Nacht für Nacht das Klopfen der Gestapo erwarten konnte: da kann man wohl verstehen, daß viele ein schnelles Ende herbeisehnten, daß eine große Zahl jüdischer Menschen zum Veronal oder Cyankali griff.«

Ich betrete das Friedhofsgelände, sofort hineingezogen in die zentrale Installation auf dem großen Vorplatz: ein gemauerter Kreis, vielleicht zehn Meter Durchmesser, innen entlang zieht sich ein bepflanzter Streifen Erde, darin Tafeln, auf denen die Namen der Konzentrationslager eingraviert sind. Mauthausen. Treblinka. Ravensbrück. Bergen-Belsen. An erster Stelle: Auschwitz: Dorthin stelle ich die Blumenschale, die ich gleich am Eingang gekauft habe, im Regal standen lauter frühlingsbunt bepflanzte Schalen. Ich schaute sie alle an, der Reihe nach: Welche spricht zu mir, fragte ich mich, und wählte gleich die mit roten Blumen und leuchtend blauen Vergissmeinnicht.

Neben den Blumenschalen ein Körbchen mit Kippas für die Männer. Inmitten der Rotonde eine Stele mit dem

Davidsstern. »Gedenke, Ewiger, was uns geschehen. / Gewidmet dem Gedächtnis unserer ermordeten Brüder und Schwestern 1933–1945 / Und den Lebenden, die das Vermächtnis erfüllen sollen.« Ich fühle mich gemeint mit diesen Worten der Jüdischen Gemeinde Berlin. Das ist es doch, was ich versuche: ein Vermächtnis zu erfüllen. Auf der Wiese wachsen Frühlingsblumen, wild, ich pflücke ein paar und lege sie auf die Tafel Bergen-Belsen.

Die Dokumente unter Glas neben der Stele bezeugen die Überführung von Asche aus Auschwitz hierher. 1992, zum Holocaust-Gedenktag am 27. Januar, in Anwesenheit von Heinz Galinski und Estrongo Nachama, »von der Todeswand des Block Nr. 11 und auch von den Scheiterhaufen des ehemaligen Vernichtungslagers Birkenau«.

Ich überlege. Frage mich, ob ich das richtig finde. Asche von dort fortzubringen? Ich weiß es nicht.

Was bedeutet es für mich, wenn ich an diesen Gedenkort Blumen hinlege? Es verbindet die Lebenden und die Toten. Es ist eine unbestreitbare Geste – so kommt es mir vor, durch nichts in Frage zu stellen. Es ist eine Mitzwah, so nennen wir das, ein religiöses Gebot. Zwar keineswegs typisch jüdisch, dies mit Blumen auszudrücken. Es ist mein persönliches Bedürfnis, meine Geste. Auf dem Mauervorsprung um die Gedenkstele häufen sich die Steine, so dicht, als hätte kein einziger mehr Platz. In Liebe zu gedenken ... vielleicht ist das das Gegenteil von böse? Etwas, das sich dem Bösen entgegensetzt?, denke ich weiter über die Frage nach.

Dann laufe ich los.

»Ich befand mich nun hier auf dem Friedhof von der

Frühe des Morgens bis zum späten Abend«, schrieb Rabbiner Martin Riesenburger, »umgeben von einem kleinen Kreis jüdischer Mitarbeiter, welche in nicht mehr zu überbietender Hingabe und treuester Pflichterfüllung ihre ungeheuer schwere Arbeit verrichteten. Jeder Tag war umzäunt von Angst, jede Stunde brachte neues schweres Leid ... Wir hatten hier eine doppelte Aufgabe zu erfüllen: die große Zahl der jüdischen Menschen, die freiwillig ihrem Leben angesichts der Verfolgung ein Ende setzten, zu beerdigen, aber auch das heilige Kultgut, das sich hier ansammelte, für eine neue Zukunft zu erhalten. Wir ließen uns von den Gedanken leiten, daß vielleicht doch noch Brüder und Schwestern als Überlebende aus den Konzentrationslagern wie auch aus der Illegalität zurückkehren würden. Diesen Geretteten wollten wir dann wenigstens die große traditionelle Begräbnisstätte, ihren Friedhof, übergeben und damit ihnen zeigen und sagen können, daß das Judentum in Berlin nicht aufgehört hatte, zu existieren ...«

Es ist ein guter Ort. Ich bin froh, hier zu sein. Ein Ort, an den man nicht zufällig kommt, an dem man nicht automatisch vorbeiläuft, wie am Holocaust-Mahnmal neben dem Brandenburger Tor, an dem ich auf dem Weg hierher mit dem Taxi vorbeifuhr. Dieser hier liegt dafür zu abseits. Hierher muss man ausdrücklich wollen. Aber im Gegensatz zum Holocaust-Mahnmal ist es ein Ort, an dem sich Bedeutung verdichtet, an dem sich Geschichte verdichtet, hier wird seit über einem Jahrhundert beerdigt. Für uns Juden gibt es bis heute nur noch den Jüdischen Friedhof in der Heerstraße und diesen hier als Begräbnisstätten. In seiner Verdichtung erscheint mir dieser Friedhof als ein lebendiger Platz.

Aber dann, als ich eine der Alleen hinunterlaufe, empfinde ich doch auch hier ein Befremden angesichts der links und rechts hochaufragenden Grabsteine, ja, regelrecht Totenhäuser, meist aus schwarzem Marmor. Anna Apolant, geb. Ephraim. Natalie Levy. Elisabeth Katz, geboren 1884, gestorben in Auschwitz. Auch Hartwich Katz, Leonie Casper, Willy Casper starben in Auschwitz.

Auschwitz liest man häufig auf dem Friedhof Weißensee.

Aber was hat es auf sich mit diesen monumentalen Grabstätten? So etwas habe ich in London nie gesehen. Mausoleen sind das, protzig, wuchtig. Ein steinernes Haus mit Türöffnung, drinnen fällt das Licht durch blaues Glas auf die Grabplatten der Familien Katz und Lachmann. Die Panofskys und die Weils. Eli Lazarus war »ein Mann der Treue«. Julius Levy wartet im großen Doppelgrab auf jemanden, der oder die offensichtlich nie an seine Seite kam, wie der leere Grabstein auszudrücken scheint. Aber warum überlebensgroß?

Was ist wohl das Statement dahinter, frage ich mich und erinnere mich an einen Satz auf der Informationstafel vor dem Friedhof: »Die Begräbnisarchitektur offenbart das Selbstverständnis des jüdischen Bürgertums am Ende des 19. und zu Beginn des 20. Jahrhunderts.« Die Grabstätte der Lewinsohns und Netters ist von einem massiven schmiedeeisernen Zaun eingefasst, grell goldgrün bemalt, ästhetisch völlig geschmacklos. Diese Realität ist mir tatsächlich neu. Jüdische Begräbnisse sind doch gerade nicht protzig, dachte ich bisher. Aber natürlich führt auch diese Realität mich zurück zu meinen Vorfahren.

Aber dann erfahre ich aus dem Zeugnis von Martin Riesenburger, dass einige dieser Totenhäuser in der schlimmen Zeit verrückterweise zu einer Rettung für Lebende geworden sind: Das Grab des Kammersängers der Berliner Staatsoper zum Beispiel, Joseph Schmidt. Dieser kleine Tempel mit einem von vierzehn Säulen getragenen Dach wurde »nächtlicherweise oft eine Zufluchtsstätte für illegal lebende Juden, für gehetzte Menschen, die zur Zeit des Abends nicht mehr wußten, wo sie ihr Haupt, sei es auch für Stunden, zur Ruhe legen durften. In der Mitte des Daches dieses Erbbegräbnisses befand sich eine Glasplatte. Man hob diese immerhin schmale Platte und suchte sich links oder rechts von ihr ein Ruhelager für die Nacht. Unten ruhte der begnadete Sänger, der einst Tausende Menschen durch seinen Gesang zu heller Begeisterung aufflammen ließ, oben lagen seine Glaubensbrüder im unruhigen Schlaf, durch den sich die eine bange Frage zog: Wie lange noch?«

Ich bin erschlagen, aber auch beeindruckt. Diese Totenhäuser, oft deutlich über hundert Jahre alt, sind der Zerstörung entkommen. Der Friedhof erscheint unversehrt, er umfasst eine Zeitspanne, die ich gar nicht begreifen kann: Denn die jüngsten Gräber sind ein paar Jahre alt. Ich sehe die Jahreszahlen, 2012, 2017, 2015, Davidssterne auf den Gräbern. Früher und heute, die Zeiten liegen auch an diesem Ort hautnah beieinander: Hier ist Halinka Szarf, 1905–1945, »ermordet im KZ Ravensbrück«, darunter: »Rahel weint um ihr Kind.« Was für ein poetischer Satz. Ob ihn noch Mieczyslaw Szarf wählte, der den Krieg überlebte und 1950 starb? Auch er ein »Mann der Treue und reich an Segen«.

»Draußen tobte sich der Wahnsinn des Nazismus aus, hier in der Einsamkeit des Friedhofs aber wurde jeder Heimgegangene mit Würde und Andacht der Erde übergeben«, erinnerte sich Martin Riesenburger. »Menschen im blühenden Alter, aber auch solche, die im Herbst des Lebens standen, bereiteten diesem Dasein selbst ein Ende durch Einnehmen dieser Schlaf- und Giftmittel. Wie oft stand ich hier an den Särgen, deren vier Bretter ein einst hoffnungsvolles Leben bargen, ein Leben, das heute viel Wertvolles hätte leisten können ... Ich will nicht verhehlen, daß wir oft genug mitgeweint haben.«

Ich spaziere durch die baumbestandenen Wege. Auf der Grabstelle von Hermann Baum wächst ein Baum, was für ein schönes Zeichen. Die Straße, die zum Friedhof führt, ist nach einem anderen Baum benannt: Herbert Baum, der 1942 erst dreißigjährig starb, von den Nazis ermordet, als der aktivste jüdische Widerstandskämpfer. Fast hundert junge Frauen und Männer versammelte der junge Elektriker um sich, er organisierte mutige Aktionen wie den Anschlag auf die Nazi-Propaganda-Ausstellung, er wurde schließlich in Sachsenhausen ermordet.

Bevor ich den Friedhof verlasse, sehe ich plötzlich zwei bekannte Namen: Kaete Lasker, deren kleinen Grabstein ich fotografiere. 1889 bis 1977. Eine Lasker aus dieser Generation, die ein langes Leben hatte!, und in der Reihe der Grabsteine der Rabbiner ist einer dem Gedenken von

Leo Baeck gewidmet; seine Witwe erinnert hier an ihren in London verstorbenen Mann. Ihn kenne ich aus Bemerkungen meiner Mutter – Leo Baeck, den bedeutenden Vertreter des deutschen liberalen Judentums, der selbst daran erinnert hatte, dass ihm hier und da mutige Menschen halfen, die Zeit zu überleben.

Auch davon erzählt Martin Riesenburger. Er erinnert sich an ein Begräbnis eines im Geheimen verstorbenen jüdischen Mannes, bei dem nur einige Frauen anwesend waren, »alles sogenannte Arierinnen. Jede führte einen Kranz mit sich. Sie hatten diesen verfemten Juden nacheinander beherbergt, sie hatten die Pforten ihrer Wohnungen geöffnet, um diesen ruhelosen Menschen vor dem Zugriff der Gestapo zu beschützen. Ich weiß nicht mehr, wie diese Frauen hießen, aber nun, da sich die Erde über diesem so geheim verstorbenen Mann jüdischen Glaubens für immer geschlossen hat, danke ich diesen Nichtjüdinnen für ihre Tat reinster Menschlichkeit aus tiefstem Herzen! Sie hatten um eines Mitmenschen willen ihr eigenes Leben aufs Spiel gesetzt.«

Und da ist es schließlich selbst, mit gelben, lila, weißen, orangen Stiefmütterchen bepflanzt, das Grab von Martin Riesenburger. »Hier ruht mein innigstgeliebter, unvergesslicher Mann, Landesrabbiner Dr. h. c. Martin Riesenburger, geb. 14. Mai 1896, gest. 14. April 1965. Teuer ist in den Augen des Ewigen das Sterben seiner Frommen, Psalm 116, 15.«

»Man schrieb Montag, den 23. April 1945. Schwere Luftkämpfe spielten sich nun schon über unseren Häuptern ab, aber die Sonne sandte ihre ersten wärmeren

Strahlen zur durchfurchten Erde herab. Unsere Herzen befanden sich in großer Alarmbereitschaft ... Als es 15 Uhr war – ich habe mir damals alles genau notiert –, durchschritt das Tor unseres Friedhofs der erste sowjetische Soldat! Aufrecht und gerade war sein Gang. Ich hatte das Gefühl, daß er mit jedem Schritt bei seinem Kommen zu uns ein Stück des verruchten Hakenkreuzes zertrat. Wir umarmten diesen Boten der Freiheit, wir küßten ihn – und wir weinten! ... diese Minute, welche für uns alle das Tor zur Freiheit öffnete, wird mir unvergessen bleiben bis zur letzten Stunde meines Lebens.«

7
Heilen

Liebe Großeltern,
meine erste Pilgerreise nach Auschwitz ist nun fünfundzwanzig Jahre her. Ich dachte damals, es würde auch meine letzte sein. Zwar gibt es generell keine Methode, wie man sich auf Auschwitz vorbereiten könnte, doch begriff ich damals, dass ich noch nicht bereit, noch nicht informiert genug war, um dem zu begegnen, was mich dort erwartete. Vor allem wollte ich mit dieser Reise nach Auschwitz damals eine Verbindung zu meiner Mutter herstellen (das also, was ich mein ganzes Leben entbehrt hatte, da die undurchdringliche Vergangenheit eurer Tochter es ihr unmöglich machte, ihre Geschichte zu teilen).
Wenn ich mir mein Ich von damals vergegenwärtige und es gegen das heutige halte, ist das ernüchternd.
Beide habt ihr, liebe Großeltern, mein Leben enorm beeinflusst. Eure Gegenwart und euer Schicksal umgeben mich.
Ich trauere um alles Verlorene.
Dass ich in eine Familie hineingeboren bin, deren Talente und Kreativität außergewöhnlich sind, war mir immer klar; eine Familie so begabt, dass ich mich in ihr immer empfunden habe als wie aus einem Kuckucksei geschlüpft.

Als eine Enttäuschung, vor allem für mich selbst. Doch eine Lasker-typische Eigenschaft hat ihren Weg trotzdem zu mir gefunden, im Guten wie im Schlechten: Entschlossenheit. Sie hat mich in Momenten am Leben gehalten, in denen der Tod mir unwiderstehlich erschien.

Die Veröffentlichung von »Briefe nach Breslau« bedeutete noch lange immenses Interesse; an unserer Familiengeschichte, an der Art meines persönlichen Traumas. Ich fing an, mit einer Filmemacherin zusammenzuarbeiten, ihre Sensibilität, die spontane Verbindung zu meinen Themen hatten mich beeindruckt. Sie, zur Hälfte Deutsche, war erstaunt, wie selten diese Perspektive in der deutschen Literatur vorkam. Ja, liebe Großeltern, mir wurde es inzwischen mehrfach gesagt: Ich habe mit diesem Buch Tabus gebrochen.

Es gibt Tage, an denen ich Angst habe – hier in Berlin, nur einen Steinwurf entfernt von dem Grauen, das so vieles zerstörte.

Von eurer jüngsten Tochter habe ich gelernt, auch das Trauma zu bedenken, das in so vielen der Kinder von Tätern steckt. Ihre Bürde ist jenseits dessen, womit man sich versöhnen könnte. Und das, obwohl sie ja selbst keine Verantwortung trifft.

Es gibt Tage, an denen ich Angst habe – hier in Berlin, nur einen Steinwurf entfernt vom Grauen, das so vieles zerstörte.

Die Filmemacherin und ich sprachen häufiger und länger und wir waren uns einig darin, dass die Wunden der Geschichte Narben in der deutschen Psyche hinterlassen haben. Wie könnte es auch anders sein? Ich versuche einen Umgang mit der Komplexität dieser Tatsache zu entwickeln, während ich meinen Platz in dem Land finde, das einmal euer Zuhause war. Als jemand, die extrem sensibel ist, erprobe ich jeden Tag, mir eine etwas dickere Haut wachsen zu lassen, aber das ist schwierig, wenn das Politische persönlich ist. Ein Teil von mir will einfach hingehen und den Mord an unseren Lieben rächen.

Doch seid versichert, dass ich nichts lieber möchte als hier willkommen geheißen werden, nicht als Besucherin, sondern als jemand, die zurückkehrt, in voller Berechtigung ihrer jüdisch-deutschen Identität. Ich möchte mich nicht durch kulturelle Dissonanzen ausgeschlossen fühlen müssen, die sich manchmal anfühlen wie bedrohliche Entfremdungen. Eure Tochter ist so viel tougher als ich … Wenn ich meine schwierigen Erfahrungen mit ihr teile, sagt sie: »Gut, Maya, aber was hast du erwartet?« Darauf wage ich gar nicht zu antworten. Ich weiß, die Unterschiede sind nicht neu, die jüdische Erfahrung ist jahrhundertealt und ebenso lang Teil der deutschen Geschichte. Und doch bin ich tieftraurig, euch den Antisemitismus als etwas schildern zu müssen, was nicht vergeht, sondern aus sich selbst heraus immer weiterlebt. Trotz all dem, was passiert ist, bleiben wir Juden »Außenseiter«.

Es gibt Tage, an denen ich Angst habe – hier in Berlin, nur einen Steinwurf entfernt von dem Grauen, das so vieles zerstörte.

Mir scheint, die Geschichte lehrt uns nicht genug. Als ob sie nicht überdeutlich zeigte, dass die menschliche Spezies sich zu Hass und Zerstörung hingezogen fühlt, wieder und immer wieder – nur warum?

Ich glaube, wenn wir irgendeinen Grund zur Hoffnung haben wollen, sollten wir uns in eine Zone begeben, die jenseits von Geschichte liegt, in die Welt von Psychologie und Humanismus. Mum hat mir erzählt, dass Fairness, anständiges Benehmen jedem gegenüber, ungeachtet seiner oder ihrer ethnischen oder religiösen Zugehörigkeit, einer eurer zentralen Werte war, und dass ihr über die Welt heute entsetzt wäret. Es ist hart für mich, sie sagen zu hören, dass sie Renate beneidet, weil sie keine weiteren Schrecken mehr mitansehen muss. Ich verstehe sie – natürlich – und trotzdem fürchte ich mich vor dem, was sie andeutet, vor dem unabwendbaren Verlust.

Ich hoffe, ihr versteht, dass ich mich in dem, was ich hier ausführe, auf alle beziehe – all jene, die verfolgt, ausgegrenzt und von ihrem Zuhause vertrieben werden.

Die Filmemacherin hatte erfahren, dass ich mich entschlossen hatte, nach Berlin zu ziehen. Ich war erstaunt, wie sehr sie sich für diese Entscheidung interessierte, wie viele Fragen sie mir stellte, wie ungläubig sie darauf reagierte, dass ich mich dort willkommener fühlte als in England. Es schien wie der perfekte Aufbruch. Doch wenn ich nun zurückschaue, sehe ich, dass ich mich in einer Art euphorischem Ausnahmezustand befunden hatte – in magischem Denken –, was wahrlich nicht der beste Ausgangspunkt für eine so einschneidende Veränderung war. Wenn ich gewusst hätte, wie steinig der Weg dieses Umzugs in ein anderes Land sein würde, wäre ich ihn wohl nicht gegangen – auch das ist wahr.

Ich bin mir beim Schreiben dieses Briefes bewusst, dass es sicher viele Leute gibt, die mich für all das ziemlich kriti-

sieren würden. Umso mehr hoffe ich, dass andere, und vor allem ihr, versteht, was mich antreibt, und dass es ja auch darum geht, Gespräche und Begegnungen anzustoßen, die ansonsten nicht stattfinden würden.
Ich habe nun fünf Tage mit Jürgen Höß verbracht, dem Sohn des Kommandanten von Auschwitz, Rudolf Höß – er war der »Architekt« dieses schauerlichen Ortes und einer der größten Massenmörder der Welt.
Zusammen mit Jürgens Sohn Kai, der mein Alter hat, haben wir uns noch einmal der Vergangenheit gestellt und uns die unfassbaren Verbrechen vergegenwärtigt, die sein Großvater begangen hat. Bis zum Alter von sieben lebte Jürgen in einer Villa in Auschwitz, sie steht immer noch. Weder er noch sein Sohn waren je dorthin zurückgekehrt.
Meine Mutter, die dank euch weit über ihr junges Alter hinaus klug und verantwortungsvoll war, hat mir vieles beigebracht, und als ich ihr gegenüber nun meine Angst ausdrückte, dass in Auschwitz »kein Platz für Gefühle« sei, hielt sie mir entgegen, ich solle dankbar sein, dass ich die Gaskammern nicht erleben musste. Was könnte ich dagegen sagen?
Mum und ich sprachen oft über meinen Plan, und sie unterstützte mich auf der ganzen Linie.
Bloß eine Vorsichtsmaßnahme ergriff ich: Ich wählte ein anderes Hotel als Jürgen und Kai. Mir war es ganz wichtig, dass wir uns nicht einfach zufällig irgendwo begegneten, beim Frühstück oder in der Bar etwa. So verabredeten wir uns in der Stadt Oświęcim, Auschwitz, drei Kilometer vom Lager entfernt, in der letzten existierenden Synagoge

am Ort. Einst hatte Auschwitz eine blühende jüdische Gemeinde gehabt. Heute leben keine Juden mehr hier, und dieser besondere Ort, an dem wir uns trafen, war vom letzten vor etwa zehn Jahren verstorbenen jüdischen Mitbürger in eine Synagoge zurückverwandelt worden. Sein Haus, in dem jetzt ein Café eingerichtet ist, war der verabredete Treffpunkt.

Und dann war er da, der Moment. In mir breitete sich eine große Stille aus. Mein Bewusstsein verdichtete sich. Gut so, denn als Vater und Sohn Höß sich zu mir an den Tisch setzten, spürte ich, dass ihre Angst die meine bei weitem überstieg. Ich sah Jürgens niedergeschlagene Augen, sie sprachen nicht von Konfrontation, schienen eher suchend, und was ich sah, war ein alter Mann; ein alter Mann, der großen Mut aufgebracht hatte. Dies waren meine ersten Worte an ihn. Kai, ganz offensichtlich traumatisiert, von Schmerz gezeichnet, fragte nach meiner Vergebung. Ich antwortete ihm: »Was gibt es zu vergeben? Ihr seid nicht verantwortlich für die Taten eures Vaters, eures Großvaters.«

Plötzlich wurde es ganz still im Raum, als ob niemand zu atmen wagte. Und als diese erste Begegnung zu Ende ging, wusste ich, dass etwas Größeres anwesend gewesen war ... eine Würde, die ich nicht für mich beanspruchen kann, eher war es wie ein Gefäß, das begonnen hatte, sich zu füllen. Als an die Stelle des Adrenalins Erschöpfung trat, kehrte ich in mein Hotelzimmer zurück; dankbar, dass ich vorgesorgt hatte für genug eigenen Raum, um in Ruhe den nächsten Tag vorzubereiten.

Auschwitz am nächsten Morgen durch den Personal-

eingang zu betreten, war eine seltsame und verstörende Erfahrung. Die Security war hochgefahren wegen der »special guests«. Es war sieben Uhr morgens, wir standen beieinander an den Toren, die Stimmung war dunkel, Nebel hatte sich gesenkt. Wie hätte es anders sein können, als dass ich an meine Mutter dachte, mir sie und ihre Mitgefangenen vorstellte, die jeden Morgen und jeden Abend zum Appell gerufen worden waren, die sich bereit machten, ihr Repertoire an Märschen bei Temperaturen unter Null zu spielen, halbverhungert, ohne warme Kleidung. Dies als scharfe Erinnerung daran, wie anders meine Lebensumstände sind.

Und dann war es endlich Zeit für Sohn und Enkel Höß und mich, das Gelände zu betreten. Von einer Drohne gefilmt, liefen wir schweigend auf die Rampe zu. Es gab nichts, was man hätte sagen können. Jürgen wirkte gebrechlich, als er sich mit seiner Gehhilfe über den unebenen Boden vorantastete. Es war die gleiche, die auch meine Mutter benutzt. Ich bemerkte, wie schwer es für Kai war, seinem Vater bei dem mühsamen Vorankommen über den brüchigen Boden zuzusehen. Ich fühlte, wie dringend er etwas von mir gebraucht hätte, aber es war nicht an mir, es ihm zu geben.

Und doch, trotz der Unterschiede, die uns an diesem Ort des Schreckens zusammenbrachten, waren wir verbunden im Bewusstsein unseres Anliegens. Anders als bei meinem ersten Besuch ein Vierteljahrhundert früher hatte ich nun ein klares Gefühl von meinem Auftrag, der einfach war und doch komplex und mich zweifellos für immer verändern würde.

Ich habe keine Sprache, um all das angemessen zu be-

schreiben, wovon wir nun gemeinsam Zeugen wurden. Aber genau das sagt etwas über die dringende Notwendigkeit von Stille; jener Stille, die herrschte, als wir von einer Stätte des Horrors zur nächsten schritten.

Ich kann euch nicht sagen, was diese Männer, Vater und Sohn, empfanden, aber ich kann sagen, dass die Ruhe, die am ersten Tag des Filmens über mich gekommen war, Bestand hatte. Sie war das Barometer, eine Art innerer Führung, die mir anzeigte, wann ich näher an die Männer herantreten oder mich umgekehrt von ihnen entfernen sollte; sie, deren Last und unverarbeitetes Trauma bei weitem größer waren als mein eigenes.

Man kann Auschwitz nicht beschreiben, ich will es auch gar nicht versuchen, doch als wir zusammen an der Rampe standen, an der eure Töchter einst angekommen und durchgeschleust worden waren, wo ihnen die Köpfe geschoren wurden, Nummern in den Arm gebrannt, die Kleider geraubt, wo sie gedemütigt und entmenschlicht wurden, da waren wir in Trauer vereint.

Als wir drei dort zusammenstanden, ohne Bewertung, ohne Urteil, nahm ich ihre Hände in meine: die natürlichste aller Gesten in der surrealsten aller Umgebungen. Ich erinnere mich, gesagt zu haben: »Ich beneide euch nicht – ich komme aus dem Besten, und ihr aus dem Schlimmsten: ein Erbe, mit dem man sich nicht versöhnen kann.«

Als der letzte Filmtag in Auschwitz gekommen war, begannen sich die Gedanken auf die nächste Station unserer Reise zu richten. Wir würden nach London fliegen, um eure Tochter in ihrem Zuhause zu treffen. Sie hatte sich zu dieser Begegnung bereit erklärt.

Spät am Abend kam ich bei ihr zu Hause an. Sie begrüßte mich mit den Worten: »Welcome home, hero ... Willkommen zu Hause, du Heldin. Erzähl mir alles!« Mit so einem großherzigen Empfang hatte ich nicht gerechnet. In Gedanken war ich schon bei den Aufgaben des nächsten Tages. Was würde werden aus dieser Begegnung, für die ich mich verantwortlich fühlte? Hatte ich vielleicht einen riesigen Fehler gemacht?

Der Morgen kam, und mit ihm die platzgreifende Filmcrew. Nun folgte, was eure Tochter überhaupt nicht leiden kann; eine Störung ihres häuslichen Friedens. Mum braucht Ordnung und Ruhe, und nun war beides in Gefahr. Die Anspannung im Warten auf Sohn und Enkel Höß richtete sich nun gegen das Chaos, das in ihrem geliebten Wohnzimmer ausbrach, als Kameras und Lampen installiert wurden. Ich beruhigte sie, alles würde wieder an seinen gewohnten Platz zurückkehren. Zumindest diente es als Ablenkung.

Dann klingelte es. Ich ging und öffnete den beiden Männern die Tür und bat sie ins Haus meiner Mutter. Meine Rolle in dem, was nun kommen würde, war unbedeutend, verglichen mit den Tagen zuvor, in denen wir uns auf diesen Moment vorbereitet hatten.

Ich erinnere die Worte eurer Tochter, als sie die ungewöhnlichen Gäste begrüßte. »Well, wer hätte das gedacht ... Sohn und Enkel des Kommandanten von Auschwitz bei mir zu Besuch auf Kaffee und Kuchen ...« Einfache Worte mit tiefer Bedeutung.

Ich wiederum finde nicht die richtigen Worte, diese geschichtsträchtige Begegnung zu schildern. Ich kann euch

nur beschreiben, wie es sich anfühlte, Zeugin zu sein: Die Klarheit, mit der eure Tochter ihr Mitgefühl für das Leiden dieser Männer zum Ausdruck brachte. Die lebhafte Neugier, mit der sie die beiden zu ihrem Leben befragte.
»Mit welchen Gefühlen denken Sie an Ihren Vater, nun, da Sie mit eigenen Augen gesehen haben, was er zu verantworten hatte?«, fragte sie.
Die Antwort war simpel. »Ich fühle nichts, überhaupt nichts«, sagte Jürgen Höß und schüttelte seinen Kopf, den Blick am Boden.
»Vielleicht ist es am besten so«, erwiderte sie.
Umgeben von euren Fotos, von schönen Szenen eures Familienlebens, hatte ich nun einen einzigen Gedanken. Das Beste und das Schlechteste von dem, was Nazideutschland bedeutete, bleiben. Das Schlechteste in denen, die weiter Hass schüren; das Beste in denen von uns, die zusammenstehen in ihren Versuchen, als gute Kraft zu wirken.

In Liebe,
Maya

An dieser vollkommen unspektakulären Straßenecke hatte mal der größte Spielzeugladen der Welt gestanden. Ein Laden über drei Stockwerke, in dem jedes Spielzeug einen Raum für sich gehabt haben soll. Einen für Puppen, einen für Eisenbahnen, einen für Teddys ...

Die Große Hamburger Straße ist eine einzigartige Straße, so dicht wie hier lägen nirgends sonst in Berlin jüdische Orte und jüdische Erinnerungen beieinander. Wie gern hätte ich diesen Spielzeugladen an der Ecke zur Oranienburger Straße gesehen! Aber sich ihn vorzustellen, ist schwierig. An seiner statt steht nun ein ganz unauffälliger Laden. Ich hatte schon ein paar Schritte in die Große Hamburger Straße hinein getan und war vor dem breiten Zaun stehen geblieben, der einen Friedhof mit nur noch einem einzigen sichtbaren Grabstein begrenzte.

Was für ein Ort war das hier? Er war verlassen, und als ich durch die verschlossenen Tore lugte, überkam mich eine Mischung aus Verwirrung und Trauer. Der Schabbat diente als Erklärung dafür, dass ich nicht eintreten durfte. Aber alles andere wurde damit nicht erklärt. »What a wasteland«, war mein erster Gedanke im Blick auf diese verwahrloste Ödnis hinter dem Zaun. Ödes Land. Efeu kroch über den Boden, dazwischen gelbes und braunes Gras. Einige Bäume standen verloren herum, ihre Zweige verdreht wie gebrochene Gliedmaßen, völlig ungepflegt. Verstoßen und von einer Wut heimgesucht, nahm ich die

Stimmung, die über diesem jüdischen Friedhof lag, in mir auf. So viele Fragen ohne angemessene Antworten auf den spärlichen Informationstafeln vor den Toren. Warum sind hier nicht mehr Gräber? Warum ist er in diesem Zustand?, fragte ich mich. Zunehmend schockiert, denn die Tafel mit Erläuterungen beschrieb, dass 2007 eine »friedhofsgerechte Bepflanzung« und Neugestaltung vorgenommen worden sei. Dieses Vorhaben lag offensichtlich seit Jahren brach.

Vom 17. bis ins 19. Jahrhundert wurde der Friedhof genutzt. Hier wurden die Angehörigen von fünfzig Familien von Wiener Schutzjuden beerdigt, die 1671 nach Berlin gekommen waren. Damals hatte sich nach langer Unterbrechung wieder eine jüdische Gemeinde in Berlin gebildet, angesiedelt hier, in der sogenannten Spandauer Vorstadt. Links eine Gedenktafel: »An dieser Stelle befand sich das erste Altenheim der Jüdischen Gemeinde Berlin. 1942 verwandelte die Gestapo es in ein Sammellager ...« Das hatten wir doch schon einmal gehabt. Sammellager für die zur Deportation bestimmten Berliner Juden ... Levetzowstraße. ›Judenlager‹ wurde es genannt. Zusammen mit der Knabenvolksschule nebenan zu einem Gefängnis mit Gittern und Scheinwerfern gemacht.

Aber wie kann es sein, dass dieser Friedhof so verwahrlost aussieht. Das ist unverschämt. 1943 wurde der Friedhof von der SS verwüstet, die Gebeine geschändet. Im April 1945 wurde der versehrte Platz als Massengrab für gefallene Soldaten und Zivilisten genutzt.

Der Endkampf von Berlin. 2425 Tote aller Konfessionen. 2425 Tote – was für eine merkwürdige Zahl! Schon wieder ein Warum: Wie kann man bei einem Massengrab die Zahl so exakt benennen? Die ganze vernachlässigte Fläche also ein großes, gewaltiges Grab. Wäre das nicht noch sehr viel mehr Grund dafür, den Ort zu pflegen, ihn in Ehren zu halten?

Ein paar Momente später stehe ich vor der Skulptur, die vor dem Friedhofszaun platziert ist. Eine Installation, die eine Gruppe schmaler Frauen und Mädchen zeigt, jede von ihnen erstarrt, unverbunden. Obwohl nebeneinander, wirkt jede vollkommen allein. Zum Gedenken an die Frauen im Lager Ravensbrück, der Künstler heißt Will Lammert. Eigentlich hätte diese Figurengruppe in Ravensbrück stehen sollen, nun steht sie hier. Warum muss man auch das in einem Buch nachlesen? Der spontanen Besucherin präsentiert sich dieser Ort als unverständlicher, unzugänglicher Flecken städtischen Brachlandes. Am ehesten kommt es mir vor wie ein Bauplatz, der darauf wartet, als »prime real estate« angepriesen zu werden, erstklassiges Bauland in hervorragender Lage in Berlin Mitte.

Ich laufe um die Figurengruppe der Frauen aus Ravensbrück herum und stelle fest, dass nach all den Gedenkstätten, die ich inzwischen aufgesucht habe, mich solche am wenigsten berühren. Viel weniger als die, an denen man in Kontakt mit dem konkreten Geschehen kommen kann, das sich hier abgespielt hat. Moabit, Grunewald – diese Orte werden auf eine würdige, informative Art erinnert, sofort stellt sich dort ein Gefühl der Verbundenheit ein.

»Vergesst das nicht, wehret dem Krieg, hütet den Frieden!« – so steht es auch hier in der Großen Hamburger

Straße auf einer Tafel, die an die Opfer erinnert – aber würde den Frieden hüten nicht auch beinhalten, einen solchen Ort zu hüten? Die Vernachlässigung beunruhigt mich. Wofür steht sie, für Gleichgültigkeit? Mir erscheint dieser Friedhof mit dem verlassenen Grabstein von Moses Mendelssohn, der selbst, nicht als reales, sondern nur als symbolisches Grabmal errichtet wurde, eher als Memento Mori für die Vergessenheit selbst.

Gegenüber, auf der anderen Straßenseite, prangt der Schriftzug »Deutsche Islam Akademie«. Ich laufe etwas weiter die Straße herunter und ich sehe zur Linken das schöne große Backsteingebäude des katholischen St. Hedwig-Krankenhauses liegen. Eine »Gasse der Toleranz« sei das hier auch genannt worden, erfahre ich, durch das so dichte Nebeneinander der verschiedenen Konfessionen. »›Straße der Toleranz und des Todes‹ könnte die Große Hamburger Straße genannt werden«, erweitern Andreas Nachama und Ulrich Eckhardt in ihrem Buch »Jüdische Orte in Berlin« diesen Namen.

Frühling hin oder her, heute weht ein eisiger Wind, und da kein Café geöffnet hat, folge ich dankbar dem Schild »Offene Kirche«, das schräg gegenüber in die Evangelische Sophienkirche führt. Kurz vor der offenen Tür bleibe ich noch einmal stehen. Die Hauswand, an der ich entlanggegangen war auf dem Weg zur zurückgesetzt von der Straße liegenden Sophienkirche, ist von Einschusslöchern übersät. Die Hausfassade wie ein Streuselkuchen, sowohl vorne zur Hamburger Straße wie auch hier an der Rückwand – mein Gott. Hier hat man etwas unverändert gelassen, das eine Ahnung vermittelt davon, wie die Stadt einmal ausgesehen hat. An diesem Fleck zwischen Hinterhof und Kirche ist es totenstill – ein Gedenkmoment, der so vieles enthält.

Ich wärme mich auf und nutze die Gelegenheit, einen Brief zu lesen, den ich seit einigen Tagen mit mir herumtrage. Ein älterer Mann hat ihn mir in Reaktion auf mein erstes Buch geschrieben: »Mir scheint, es gibt bis heute kaum eine sensible und angemessene Wahrnehmung davon, wie grauenhaft Deutschland sich durch die Shoah bis in seine tiefste Identität selbst verstümmelt hat.« Ein verstörender Gedanke.

Ich gehe in der Kirche umher und erfahre, dass die Sophienkirche selbst ein Ort der Zuflucht und des Widerstands war, als sich am Ende der DDR Menschen hier zusammengefunden, Musik gemacht, gesprochen haben; als die Kirche dem Neuen Forum Räume zur Verfügung stellte, in denen sich die Menschen treffen konnten. Einer der Ehrenamtlichen, dank derer die Kirche offen sein kann, erzählt von den Zwangsarbeitern, an die hier ebenfalls erinnert würde; er gibt mir eine Broschüre zu Stadt- und Kirchenführungen, es tut gut, sein Engagement zu spüren.

Ein kleines Stück weiter, und diese berüchtigte Straße, die so viel Geschichte in sich trägt, ist schon zu Ende. Koppenplatz heißt der lange rechteckige Platz an der Ecke, an der die Große Hamburger Straße endet. Hier wird Ball gespielt, Leute stehen mit Kaffeebechern und Kuchenstücken in den Ecken, in die die Sonne vordringen konnte. Meine Knochen beginnen zu schmelzen. Ich finde eine Mauer, setze mich hin und schaue mich um.

Dieses andere Ende der Straße steht in starkem Kontrast zu der traumatischen Vergangenheit, das normale Leben und die Geschäftigkeit hier scheinen sie zu schlucken, mit bloßem Auge ist sie nicht mehr zu erkennen. Durch die Kaffee- und Kuchenpause erholt, setze ich mich auf der Suche nach einer Installation am Koppenplatz auf eine Bank. Ich kann sie nirgends entdecken, doch plötzlich lache ich entgeistert auf – und laufe auf einen Tisch mitten auf dem Platz zu, an dem jemand sitzt und schreibt. Erst jetzt sehe ich, dass der andere Stuhl umgestoßen ist und am Boden liegt, dass diese Tischszene mit dem umgefallenen oder umgeworfenen Stuhl auf eine Bodenplatte gestellt ist, um die herum ein Schriftzug läuft. Das ist der Gedenkort, und ich beobachte verblüfft, dass auf dem Stuhl ein Mann mit merkwürdiger Mütze sitzt, versonnen lächelnd über einen Stapel Papier gebeugt und schreibend, neben sich die Thermoskanne mit Tee. Hat er nicht gemerkt, dass er sich zum Teil eines Kunstwerks gemacht hat? Dass der Schriftzug doch eigentlich eine Grenze ist, die den Gebrauchsgegenstand klar vom Kunstwerk unterscheidet, eine Grenze, die ihn draußen halten und zum Betrachter machen will?

Ich ziehe einen Bogen um den Mann, der mir hoheitsvoll zunickt und sich also vermutlich als schreibenden Poeten sieht und die Umgebung als sein natürliches Habitat.

Gedichtverse von Nelly Sachs: »O die Wohnungen des Todes / Einladend hergerichtet / Für den Wirt des Hauses, der sonst Gast war / O ihr Finger / Die Eingangsschwelle legend / Wie ein Messer zwischen Leben und

Tod. / O ihr Schornsteine / O ihr Finger / Und Israels Leib im Rauch durch die Luft.«

Ich spreche den Mann an: was er schreibe, ein Gedicht? »Einen Brief nach Neuseeland«, antwortet er, und dann frage ich, ob er wisse, wo er sitze? Ein Erinnerungsort für Nelly Sachs, meint er fröhlich, der umgestoßene Stuhl hat ihn offensichtlich nicht verwundert. Ich erkläre, hier, wo er sitze, handele es sich um eine Gedenkstätte, eine Installation der Landschaftsarchitektin Eva Butzmann und des Bildhauers Karl Biedermann mit dem Namen »Der verlassene Raum«. Es werde an die aus ihren Wohnungen vertriebenen, in den Tod gejagten Juden erinnert, an die Hast des Aufbruchs, das jähe Umschlagen von Leben in Tod. Aha, meint er da fröhlich, da falle ihm ein anderes Gedicht ein, »geliebt sei, wer vorbeikommt und sich niederlässt«, sagt's und wendet sich wieder seinem Brief zu.

Ich frage mich, ob ich lachen oder weinen soll? Auch das ist Berlin. Auch das ist die Große Hamburger Straße. Tod und Leben, Gedenken und Vergessen, Würdigen und Verkommenlassen, Wissen und Ignoranz so hautnah nebeneinander, nein, ineinander. Das eine nicht zu trennen vom anderen.

Als ein paar Wochen später Raphael und seine Frau Libby zu Besuch sind in Berlin, will ich ihnen die zwiespältige Entdeckung, die ich gemacht habe, zeigen. Ich habe ein Restaurant in der Kleinen Hamburger Straße herausgesucht – leider ohne zu realisieren, dass die Kleine Hamburger Straße mitten drin von einem Sportplatz unterbrochen ist, man also irgendwo außen herum laufen muss, um das andere Ende der Straße zu finden. Also ist es doch wieder einmal nicht so leicht, zueinander zu finden. Es wird noch lange dauern, bis ich mich irgendwo hier richtig auskenne.

Anders als ich, kann Raphael recht gut Deutsch. Er kann fragen, versteht die Antworten. Dieses Deutsch, die Geheimsprache unserer Eltern! Wir erinnern uns an Dad, dessen Englisch immer von einem markanten deutschen Akzent gefärbt war. Beide aber, Mum und Dad, hatten neben Deutsch noch die Musik als ihre gemeinsame Sprache.

Als wir uns dann endlich finden, Raphael, Libby und ich, und uns auf der Holzbank gegenübersitzen, alle den gleichen Salat bestellt haben, sind wir dann auch sofort beim Thema. Unsere derart verschiedenen Eltern. Unsere Kindheit, nein: unsere so unterschiedlichen Kindheiten. Doch beim Blick auf unsere Eltern sind wir uns einig. Mum, die sich in der Gemeinschaft des Orchesters fühlte wie ein Fisch im Wasser – das Gegenteil von Dad, der nicht zufällig ein Solist geworden war, Pianist, vollkommen unsozial, depressiv, angstgestört. Ständige Schlafstörungen, erinnern wir uns. Gleichzeitig war er hoch diszipliniert, trug eine Krawatte bei der Arbeit – Ordnung war das, was ihn aufrechthielt ...

Außer mit seinen Schülern, unterbreche ich Raphael. Unterrichten bedeutete ihm alles. Seine Schüler, sage ich traurig, waren seine Kinder. Wenn er aus dem Unterricht kam und ich stand draußen, dann bemerkte er mich nicht einmal.

Raphael sagt: »Ja, es war mein Glück, dass Musik auch

meine Sprache war. Dad und ich spielten oft zusammen, das war wie ein Privileg, es war der Zugang zu ihm. Das war unser Gespräch.«

Unsere Eltern agierten ja auch nur aus, was ihre Vergangenheit ihnen mitgegeben hatte. »Schon unter den Lasker-Schwestern waren die Rollen verteilt«, rufe ich in Erinnerung, was uns erzählt wurde, »Marianne hatte das festgeschrieben: Renate, das schwache Vögelchen. Anita, die mit Wutkraft auf die Welt kam. Ihr Vater vertraute ihr, der Jüngeren, schon als junges Mädchen die ältere Schwester an. Wie soll man da kein soziales Wesen werden?«

»Während unser Vater als dreizehnjähriger Pianist jenes Stipendium erhielt, das ihm mit Mutter und Schwester die Ausreise nach Palästina sicherte«, ergänzt Raphael. »Auch eine ungeheure Hypothek. Der Dreizehnjährige der Retter der engsten Familie.«

Überleben dank der eigenen musikalischen Exzellenz. Traumatische Überforderung. Das teilen sie beide.

Aber Dad hat sich da nicht herausentwickelt wie unsere Mutter, denke ich. Wäre er mir sonst nicht ein besserer Vater gewesen? Die Erinnerungen an ihn sind bis auf vielleicht zwei, drei alle schmerzvoll. Er mochte mich, als ich ganz klein war. Dann wurde ich schwierig – und er gab auf. Raphaels Weg war ein völlig anderer.

»Ich hatte immer eine Passion und das war gar nicht von Anfang an die Musik. Meine erste galt dem Theaterspiel. Das war es, was ich mit ganzem Herzen wollte, als ich vielleicht acht war. Es änderte sich erst mit dreizehn – und dann wieder mit aller Kraft. Jetzt wollte ich Cello spielen, ich wusste: Das ist es. Von da an war das Cello meine Leidenschaft, immer mit ganz viel Freude verbunden.«

Wie unsere Mutter eine Generation zuvor machte er sich mit sechzehn allein auf einen weiten Weg zur musikalischen Förderung. Bei ihm war es Italien. Ich, damals elf Jahre alt, verblieb als einziges Kind im Haus, und Mum versuchte mich vor der Wut, die unser Vater auf mich hatte, zu schützen.

Über die Musik war Raphael sozial eingebunden, ähnlich wie unsere Mutter. Ihn habe die Musik gepackt, sagt er immer. Sicher, sie haben es auch bei mir versucht. »Mum hat meine Flöte immer noch. Und ist heute noch überzeugt, dass ich Talent gehabt hätte.« Aber zu mir hat Musik einfach nicht gesprochen. Ich weiß noch, wie Raphael mich einmal im Winter zu meinem Musikkurs brachte, und ich mit den eisigen Händen nichts zustande brachte. Aber nein, ich empfinde es nicht als Verlust. Mein Verlust war ein anderer, nämlich keine Familie zu haben. Für Raphael trat auch Libby noch ganz jung in sein Leben.

»›Dein Elf-Uhr-Termin‹, sagte Dad immer. Und gab dir den Hörer weiter«, lache ich.

»Ich war viel bei euch«, bestätigt Libby. »Eure etwas wüsten Tischsitten – niemand fragte, ob jemand was anreichen könne. Jeder langte einfach über den Tisch und die anderen hinweg.«

»Libby, du warst ein Segen für mich in diesen Jahren«, sage ich ihr. »Du hast mir zugehört, statt rumzuschreien. Du gabst mir das Gefühl, dass es nicht seltsam ist, wenn man als junges Mädchen auf Partys gehen will.«

»Du kamst mir damals immer endlos einsam und traurig vor. Schwarz gekleidet, düster, total isoliert irgendwie. Und du hattest ganz schwierige Männergeschichten.« Es stimmt, ich war ein wildes Kind, eine wilde Jugendliche. Ich sehe noch den Blick meines Vaters, wenn er über den Tisch zu mir schaute, er konnte einen mit seinem Blick vernichten.

»Und Mum hatte fürchterlich Angst um dich«, sagt Raphael und er hat recht. »Und zugleich war sie so frustriert, in den Momenten, in denen sie nicht helfen konnte.« Es stimmt bis heute – meine Mutter bleibt auf überwältigende Weise der wichtigste Mensch meines Lebens. »Libby ist dein ›other‹, dein Lebensgegenüber«, sage ich zu Raphael. »Für mich ist Mum mein ›other‹. Mum, die immer geholfen hat, der Gesten der Zuneigung aber so schwerfallen. Oft ist es so gut zwischen uns. Bis sie wieder hart wird, ungeduldig, herumschreit. Wir bewegen uns in diesen alten Mustern. Sie sei nicht gut mit Mädchen, hat Mum einmal gesagt. Aber was soll mir das nützen?«

Aber genug herumgesessen, genug Familientalk! Ich will mit ihnen zur Großen Hamburger Straße, ich will Raphael den Friedhof zeigen. Wir laufen durch die einst so jüdischen Straßen des Scheunenviertels, wir beide als Deutsche, und ich muss denken: Was für eine Ironie, dass wir jetzt in der Familie alle deutsche Pässe beantragt haben. Alle, außer meine Mutter, die keinen haben möchte.

Wobei dies für Raphael ja ganz anders motiviert ist als für mich. »Ich bin zufrieden damit, was ich bin und wo ich lebe«, sagt er. Für ihn und auch für seinen Sohn Simon geht es ganz pragmatisch darum, auch nach dem Brexit

EU-Bürger zu bleiben. Als Musiker reisen zu können. »Dies Hingezogensein nach Deutschland empfinde ich nicht«, auch darin ist Raphael klar. Breslau – das ist eine andere Sache. Aber Breslau ist nicht mehr deutsch. »Ich habe nicht das Gefühl, ein Flüchtling zu sein. Den deutschen Pass einfach so zu bekommen, ist ein Geschenk. Was hinter diesem Geschenk freilich steht – das ist unaussprechlich. Aber auch das bedeutet nicht, dass ich mich deutsch fühlen würde.«

Während sich für mich Deutschland anfühlt, als wäre es in meine DNA eingeschrieben. Als hätte ich hier in Deutschland Möglichkeiten, innere Möglichkeiten, die ich in England nicht hatte. Kannst du das nachvollziehen, obwohl du es selbst so anders empfindest? »Ich finde es bewundernswert, was du dich traust«, antwortet mein Bruder. »Es ist ein spannendes Abenteuer.«

»Ist es das Durchschneiden der Nabelschnur?«, fragt Libby. Tatsächlich spielen meine Mutter und auch Renate eine so große Rolle in diesem Geschehen. Es war wichtig für mich, dass sie es noch miterlebt haben.

Und mein Unfall auf der Umzugsreise – ist so ein Moment äußerster Hilflosigkeit nicht auch ein Moment der Wahrheit? Es passierte in München auf dem Flughafen, ich stürzte auf der Rolltreppe und erlitt eine schwere Schulterfraktur. In diesem Moment des Schocks wollte ich nirgends sonst hin als in meine Berliner Wohnung.

Während wir über all das sprechen, sind wir am Koppenplatz angekommen und betrachten das Denkmal mit dem umgekippten Stuhl. Es gehe ihm ein bisschen wie mit den Stolpersteinen, sagt Raphael. Diese Art von Mahnung komme nicht aufdringlich, nicht demonstrativ daher, sondern leise. Sie behauptet sich als Normalität. »Unser dreijähriger Enkel«, erzählt er, »sagte mir neulich, als wir an Stolpersteinen vorbeiliefen: Achtung, nicht drauftreten.«

Raphael sagt: »Was diese ganze deutsche Geschichte betrifft, das lernt man langsam, nimmt es allmählich auf, in Dosen, in verschiedenen Phasen. Für mich war nie alles Deutsche automatisch schlecht. Auch als unsere Mutter sich noch weigerte, wieder deutschen Boden zu betreten, tat das meiner Wertschätzung von Wagners Musik keinen Abbruch. Kunst steht über dem, was Menschen zerstören können.«

Wir sind beim Jüdischen Friedhof angekommen – der allenfalls an den zwei demonstrativ wie Schaustücke etablierten Grabsteinen noch erkennbar ist. Ein kleiner Blumenstrauß steht davor, dazu ein Zettel: Danke, liebe Esther. Esther Bejarano ist vor ein paar Tagen gestorben: Auch sie eine Überlebende, aus dem Mädchenorchester Auschwitz. Eine unermüdliche Zeitzeugin wie unsere Mutter.

Wir blicken auf dieses Stück wilder Natur, das mich so befremdet hat, doch nun ist alles grün, und obwohl ungepflegt, strotzt der Ort unter den alten Bäumen vor Leben. »Jetzt ist es eben ein grünes Wasteland«, sage ich, und wir spazieren durch das hüfthohe Gras. »Ein bisschen Sorgfalt hier hineinzutragen, wäre keine große Sache«, empfinde ich dennoch, und Raphael stimmt mir zu, auch er habe hier ein Gefühl, Herumliegendes einsammeln, aufräumen zu wollen. Diese wunderschönen alten

Bäume. Wenn sie erzählen könnten, sie haben Tausende Tote gesehen.

Wir werden ganz still, während wir laufen, flüstern fast beim Reden. Irgendwie scheint der Ort das einzufordern.

Raphael erzählt mir die Geschichte seines Besuchs in Auschwitz. Er war mit Mum dort, es war spät, sie hatten aus irgendeinem Grund keine Unterkunft. »So kam es, dass wir im Gästehaus untergebracht wurden, das früher eine Kommandatur gewesen war. Unsere Mutter tat das, ohne mit der Wimper zu zucken. Ich wurde nachts wach, machte einen Gang auf dem Gelände, und dann verspürte ich eine ganz körperliche Erfahrung, die Wucht dieses Ortes. Plötzlich konnte ich verstehen, was meine Schwester empfindet, wenn ihr all das so sehr unter die Haut geht. Wie gut, dass unsere Mutter mit ihr gemeinsam an diese Orte geht. Sie erträgt das alles. Aber sie erträgt es nicht, jemanden darüber Tränen vergießen zu sehen.«

8
Weitergeben

Liebe Großeltern,
ich weiß: Synagogenbesuche waren kein regelmäßiger Bestandteil eures Breslauer Lebens. Ihr wart, denke ich, eine völlig assimilierte deutsch-jüdische Familie; jüdisch zu sein war für euch keineswegs an irgendeine Form religiöser Praxis gekoppelt. Bis die Nationalsozialisten an die Macht kamen und es die Option, assimiliert zu leben, für jüdische Menschen nicht mehr gab.
So wird es keine Überraschung für euch sein, dass meine Eltern meinen Bruder und mich nicht religiös erzogen haben. Vielmehr waren sie erstaunt, als ich später Trost, und auch ein Stück Stolz, in einigen der jüdischen Riten und Traditionen fand, die ich in den fünfzehn Jahren meiner Ehe mit David Jacobs, dem jüngsten Sohn des großen Rabbis und Theologen Dr. Louis Jacobs, fand. Ja, sie waren verwundert über diese Verbindung, und ebenso stolz.
Gottesdienstbesuche gehören für mich wohl in diese Zeit meines Lebens. Und so empfand ich einen großen Widerwillen bei der Vorstellung, hier in Berlin in die Synagoge zu gehen. Was sich aber keineswegs auf meine Identität als Jüdin bezog, sondern auf die Last der traumatischen

Geschichte, die für mich im Religiösen doch präsenter zu sein scheint als meine eigene Zeit als religiöse Jüdin in England.

Mum erzählte kürzlich, dass Pessach eines der wenigen Hochfeste im Jahr war, die ihr als Familie feiertet. Ihr wart dann im Haus einer Tante mütterlicherseits, Tante Käthe, und diese Abende müssen, so schildert sie es, lang, laut und fröhlich gewesen sein; etwas, an das man sich später gern erinnerte.

Auch ich erinnere mich noch gut an das, was ich während meiner Ehe mit David lernte, und obwohl ich danach weder weiter zu einer Synagoge gehörte noch Gottesdienste besuchte, sind es glückliche Erinnerungen. Und doch spürte ich den Widerwillen, als ich zu meinem ersten Synagogenbesuch in Berlin aufbrach. Und dann fing es schon auf dem Hinweg an, als ich mich plötzlich in einer Straße mit dem richtigen Namen, aber der falschen Postleitzahl wiederfand, und schließlich zu spät und mit rotem Kopf in den Gottesdienst platzte – kein guter Start! Drinnen waren mir die Rhythmen und Melodien vertraut, aber es wollte kein Gefühl echter, authentischer Verbindung aufkommen. Nicht ein einziger spiritueller Gedanke hatte Platz in meinem Kopf, und ich fühlte mich wie eine Betrügerin. So saß ich da, versuchte, mich zu sammeln, und warf, während ich mein Gebetbuch aus der Tasche nahm, einen Blick in die Gemeinde der Betenden.

Die Synagoge war nicht groß, ein kleiner Raum, schlecht belüftet, darin über fünfzig Maske tragende Menschen, sodass das Atmen allein schon eine Tortur darstellte. Und obwohl ich mein Bestes tat, dem Gottesdienst zu folgen, war ich eigentlich damit beschäftigt, nicht in Ohnmacht zu fallen. Meine Gedanken blieben mal bei meinem geliebten Schwiegervater, mal kreisten sie darum, wie ich dieser klaustrophobischen Atmosphäre entkommen könnte. Ich versuchte, mich wenigstens auf Rabbi Nachama zu konzentrieren, sein Charisma, seine Freundlichkeit, die sich glücklicherweise auch in der fremden Sprache übermittelten. Doch vergeblich, denn wenn ich ehrlich bin, entstand nicht das geringste Gefühl davon, am richtigen Ort zu sein oder gar dazuzugehören.

Vielleicht komme ich ja eher nach euch, in dem Sinne, dass jüdisch sein allein mir nicht ausreicht, um Gemeinsamkeit und Zugehörigkeit gegenüber Menschen zu empfinden, die so unterschiedlich sind und so verschiedene Herkünfte und Hintergründe mitbringen? Das gilt ja für uns als ganze Familie und sogar ich, eure Enkelin, empfinde Unsicherheit, wenn es um die Frage von »Zuhause« und »Heimat« geht. Wie sehr ich mir wünsche, das mit euch besprechen zu können ... Ich stelle mir vor, dass wir uns über den einen unzweifelhaften Punkt einig gewesen wären: dass bloß der Umstand, jüdisch zu sein, wenig aussagt über die Lebensgestaltung eines oder einer jeden Einzelnen.

Nach Ende des Gottesdienstes fand ein Kiddusch im Garten der Synagoge statt. Um uns herum, in den anderen Gärten und Höfen, spielte sich »normales« Alltagsleben ab, Leute kamen mit ihren Rädern nach Hause, unterhielten sich auf den Balkonen ... Und wenn nicht große Überwachungskameras über uns installiert gewesen wären, hätte man uns für eine ganz normale Gruppe von Leuten halten können, die an einem milden Abend im Garten beisammenstanden. Aber ich fühlte mich unwohl innerhalb der Gruppe, unsichtbar, unpassend, unerkannt. Im Weggehen dachte ich darüber nach, in wie vielen Hinsichten diese Erfahrung anders gewesen war als alles, was ich bis dahin erlebt hatte.

Für mich brachte dieser Moment Klarheit darüber, dass ich nicht auf der Suche nach einer Glaubensgemeinschaft war ... meine jüdische Identität verpflichtet mich nicht dazu. Sollte ich das Bedürfnis je verspüren, würde ich hoffentlich einfach eine Synagoge finden, in der ich mich willkommen geheißen fühle.

Und tatsächlich wurde ich nur wenige Tage später, am heiligen Jom-Kippur-Tag, wieder auf dieses Bedürfnis gestoßen. Schon beim Aufwachen dachte ich darüber nach, wie ich den Tag begehen wollte. Ich verließ die Wohnung und lief in Richtung Pestalozzistraße, mit dem Gefühl, dass mir vielleicht schon die Nähe zur Synagoge genügen würde. Die Straße war ganz ruhig, nur die Sicherheitsleute standen vor der Synagoge und kontrollierten den Eingang. Ich schaute mir alles zunächst von der anderen Straßenseite aus an und wunderte mich, dass meine Anwesenheit keinerlei Beunruhigung auszulösen schien. Dann ging ich zum Eingang. Dort wurde ich freundlich begrüßt, obwohl mein Name gar nicht auf der Anmeldungsliste stand.

Ich lief die Stufen zur Frauenempore hoch, begleitet von ätherisch schönem Gesang, und setzte mich. Der Gesang zusammen mit der Geschichte des Gebäudes, das irgendwie die Verheerungen der Bomben überstanden hatte,

bildete in diesem Moment ein Symbol, das zu einem wesentlichen Teil von mir sprach.
Ich fühlte mich, während ich dasaß, als Teil der Atmosphäre: allein, aber nicht isoliert. Getröstet, und doch tieftraurig. Ich dachte an euch, liebe Großeltern, und an Renate, und mir wurde klar, dass nun zum ersten Mal seit über achtzig Jahren eine Lasker an Jom Kippur eine deutsche Synagoge aufgesucht hatte. Wie wichtig das für mich war! Denn meine Präsenz an diesem Ort drückt aus: Wir sind noch da, es gibt uns noch, hier in Deutschland.
Ich dachte an euch alle und hoffte, dass ihr mich hier seht und einverstanden seid. Mir wurde mit neuer Kraft bewusst, dass ich sehr wohl mit bestimmten Aspekten jüdischen Lebens stark verbunden bin. Aber meist verspüre ich das nur tief in mir selbst. Es bedarf nicht der strikten Formen des jüdischen Gebetslebens in der Synagoge. Und damit beschreite ich den gleichen Weg, den die Laskers vor mir gegangen sind.
War ich am Anfang meiner Odyssee, als ich einen Platz innerhalb der Jüdischen Gemeinde Berlins finden wollte, womöglich auf eine Abkürzung aus, um endlich irgendwo dazuzugehören? Denn nun, da Zeit ins Land geht und ich Erfahrungen sammele, manchmal unerträglich langsam, erlebe ich, wie echte Verbindung sich für mich ausschließlich im ganz Persönlichen vollzieht; manchmal in zufälligen individuellen Begegnungen und eben gerade nicht in einer kollektiv jüdischen Umgebung.
Was meine ich damit? Ist es vielleicht vor allem ein ehrliches Eingeständnis dessen, wie alleine ich mich in diesem neuen Leben fühle? In meinen Phantasien hatte

ich mir vorgestellt, ein Gast an fremden Tischen zu sein, eingeladen, um die Feste mitzufeiern.
Ich weiß, dass ich lernen muss, meine Erwartungen zu bändigen. Und doch macht es mich traurig, zu erleben, wie sich mir der Traum von Verbundenheit entzieht.
Und nun traf ich dann heute Rabbi Andreas Nachama, 1951 geboren, Sohn einer deutschen Mutter und eines griechisch-sephardischen (Stief-)Vaters zum Gespräch. Nachama ist eine hochangesehene Persönlichkeit in der Berliner Jüdischen Gemeinde und im öffentlichen Leben der Stadt; er ist einer der Gründerväter – und langjähriger Direktor – der »Topographie des Terrors«, diesem verdichteten Gelände in der Berliner Mitte, dem »Regierungsviertel des SS-Staates«, wie es in der Dokumentation heißt. Er ist ein bescheidener, sympathischer Mann; darum bemüht, keines der vielen Projekte, an denen er mitgewirkt hat, für sich zu reklamieren. Was mich besonders berührte, war, dass er meinen ehemaligen Schwiegervater selbst gekannt hat, und wie so viele andere, tief von ihm beeindruckt war.
Ganz gespannt war ich, mehr von ihm zu erfahren darüber, was es hieß, ein Jude der ersten, bald nach dem Krieg in Berlin geborenen Generation zu sein. Seine Mutter hatte den Krieg in Verstecken überlebt. Sein Stiefvater war in Auschwitz und Buchenwald gewesen, er hatte die Todesmärsche irgendwie überlebt und seinen Weg nach Berlin gefunden, wo Lilli Schlochauer und er sich kennenlernten.
Auf meine Fragen antwortete Nachama mit einer Art sympathischer Naivität; er erzählte, wie die ausgebombten Grundstücke und zerstörten Häuser nach dem Krieg

aufregende Spielplätze für die Erkundungszüge eines Jungen gewesen seien – wobei er natürlich hinzufügte, dass das für ihn normal war, kannte er doch keine andere Umgebung als die, in die er hineingeboren worden war.

Ich grübele jetzt nach über diese so unterschiedlichen Bedingungen in Ort und Zeit, in die wir Kinder von Überlebenden hineingeboren wurden, und frage mich, wie die jeweilige Konstruktion von Identität und Erinnerung davon abhängt. Ich frage mich, ob ein Trauma irgendwie gelindert werden kann durch Ort und Zeit und ob Bescheidwissen über das, was passiert ist, bessere Bedingungen für dessen Integrierung schafft als das Nichtwissen? War es hier in Berlin, umgeben von den Ruinen der zerstörten Stadt – in denen ja zugleich neues Leben stattfand –, leichter, einen Zugang zu seiner Herkunft zu finden? Ich vermute schon. Und doch: Wie war Leben möglich, wenn man von so viel Tod umgeben war?

Ich glaube, ich verstehe nun besser, warum für meine Mutter ein Leben in einem Deutschland nach dem Holocaust undenkbar war.

Rabbi Nachama und ich sprachen auch über die Berliner Gedenkkultur und waren uns einig darin, dass Gleis 17 im Grunewald die eindringlichste unter ihnen ist. Dass normaler Alltag dort weiter stattfindet, dass Hunderte von Pendlern dort an- und abreisen, unterstreicht den Horror dessen, was damals unmittelbar nebeneinander stattfand. Das Pittoreske, das Nette und Hübsche dieser Bahnstation hat etwas Verstörendes, ein Ort, an dem man herumschlendert, an dem man Blumen kauft, Kaffee trinkt, sich gern aufhält, was mir dort aber partout nicht gelingen will.

Ich erzähle ihm von meinem Eindruck angesichts der Vernachlässigung des jüdischen Friedhofs um die Ecke, in der Großen Hamburger. Ich empfand ein Gefühl der Scham darüber, dass ein so bedeutender Ort derart zugewuchert und vergessen dalag.
Rabbi Nachama teilte mein Befremden vollkommen. Dass niemand Verantwortung für den Ort übernähme, sei das eigentliche Problem, sagte er, woraufhin ich schnell erwiderte: Dann ändern wir doch etwas daran! Zu gern möchte ich beitragen zu jüdischem Gedenken, und das hier fühlt sich an, als könnte es mein Beitrag werden. Dem, was unbehütet unter der Erde liegt, neues Leben einzuhauchen.
Es wäre eine Mitzwah, eine echte Mission, ein symbolischer Übergangsritus.

In Liebe,
Maya

Es hat etwas Merkwürdiges und war nicht wirklich meine Entscheidung, dass viele meiner Erfahrungen in diesem neuen Leben so viel mit Tod zu tun haben. Ich habe das Gefühl, mich nicht frei und im eigenen Tempo entfalten zu können. Und das kommt mir schmerzlich bekannt vor. Nun bin ich also hier. Ich hatte vorher einen Kaffee und eine Zigarette gebraucht, als ob ein menschliches Ritual die Annäherung an diesen Ort erleichtern würde.

Wie kann man sich diesem Ort überhaupt nähern?

Es ist weniger ein Ort als ein Gelände, denke ich, als ich, den Gropius-Bau im Rücken, die unter Straßenniveau liegende lange Strecke mit dem Restgemäuer der Gestapo-Keller vor mir sehe. In vielen davor platzierten Bild- und Texttafeln ist hier die Geschichte von Aufstieg und Herrschaft des Naziregimes dokumentiert. Eine lange Strecke, denke ich. Mal schauen, wie weit ich komme. Ich habe mich vorbereitet, ich weiß, dass das, was sich hinter der vorsichtigen und respektvollen Benennung »Topographie des Terrors« verbirgt, konkret das »eigentliche Regierungsviertel des SS-Staates« bezeichnet, die an der früheren Prinz-Albrecht-Straße liegende, sich über mehrere wilhelminische Gebäudekomplexe erstreckende »Zentrale des Terrorapparates«. Hier standen die Schreibtische Himmlers, Heydrichs, Kaltenbrunners und Heinrich Müllers. Hier war das ›Hausgefängnis‹ der Gestapo, aber auch der Mittelpunkt des über ganz Deutschland und große Teile Europas gespannten Netzes der Gestapo-Stellen und der Dienststellen der Höheren SS- und Polizei-Führer. Von hier aus wurde der Völkermord an den Juden vorbereitet, wurden Deportation und Vernichtung mit den staatlichen Behörden koordiniert.

Was kann man heute davon noch sehen? Die meisten der früheren Gebäude sind nicht mehr da. Ich bin die paar Stufen auf Kellerebene hinuntergegangen, hinter den Gefängnisruinen erstreckt sich ein Stück der alten Berliner Mauer. Ein Gedenkort, an dem die Zeiten noch sichtbar übereinanderliegen. Noch eine weitere, vierzig Jahre währende Epoche der deutschen Geschichte, liegt in der Luft, und auch sie liegt nun schon Jahrzehnte zurück. Ich staune. Der große, sachlich-funktionale Bau, der sich rechts oben in den Blick schiebt, hat die Zeiten überdauert: von den Nazis als Reichsluftfahrtministerium gebaut, war er zu DDR-Zeiten Haus der Ministerien, heute residiert hier das Finanzministerium.

Auf den Texttafeln finde ich Bekanntes, aber auch Neues: Die Nazis waren lange in Berlin weniger erfolgreich als anderswo. Berlin war für sie schwerer zu erobern als andere Städte und Gegenden. Dann kam Goebbels, dann kamen die über die ganze Stadt verteilten Folterkeller der SA, wilde Konzentrationslager, Flucht, Panik, die Atmosphäre der Angst. Die einen gegen die anderen. Ich lese das Zitat einer Jüdin: »Und nun eines Morgens, dessen Sonne wie jedes anderen Tages Sonne aufging, bist du plötzlich ein Aussenseiter geworden, man guckt auf die andere Seite ... Du kannst es nicht begreifen. Es sind doch dieselben Menschen, sie können doch nicht über Nacht so veraendert sein. Du, die dieses Deutschland so liebt wie ein Stück ihres Herzens, dir soll das passieren? Warst du es nicht, die in der Schule unter tausenden von Kindern ausgewählt wurde, um Gedichte, deutsche Gedichte aufzusagen?«

Schon im April 1933 wurde das Gestapo-Amt eingerichtet, es begann mit zweihundert bis dreihundert Beschäftigten, in schnellen Schritten wurde Himmlers Macht immer umfassender, schon 1934 waren es doppelt so viele. Auch der Sicherheitsdienst des Reichsführers SS (SD) befand sich hier. 1934 wurde der SD zum alleinigen Nachrichtendienst der Partei erklärt. Ich muss an andere Berichte aus dieser Zeit denken: Christopher Isherwood, der das Berlin der späten 1920er Jahre so liebte und verehrte, der dann im April 1933 für ein paar letzte Tage hierherkam, um seine Sachen zu packen und endgültig nach London zurückzukehren.

In *Leb wohl, Berlin* schreibt er: »Ich sitze jeden Abend in dem großen, halbleeren Künstlercafé an der Gedächtniskirche, wo Juden und linksgerichtete Intellektuelle über den Marmortischen die Köpfe zusammenstecken und leise und verängstigt miteinander reden. Viele wissen ganz genau, dass sie verhaftet werden – wenn nicht heute, dann morgen oder in der nächsten Woche. Fast jeden Abend kommt die SA ins Café. Manchmal sammelt sie nur Geld; jeder wird genötigt, etwas zu geben. Manchmal kamen sie auch, um jemanden zu verhaften. Eines Abends lief ein jüdischer Schriftsteller in die Telefonzelle, um die Polizei anzurufen. Die Nazis zerrten ihn heraus, und er wurde abgeführt. Niemand rührte einen Finger.«

Was ist das Böse? Man wird doch nicht böse geboren. Wir werden alle mit bestimmten Zügen geboren, so wie ich mit diesem massiven Hunger nach irgendwas Unstillbarem auf die Welt kam, wird jemand anders vielleicht mit einer besonderen Begabung zum Bösen geboren? Aber natürlich muss viel zusammenkommen. Wer schon mit missbräuchlichen Strukturen groß wird, im gesellschaftlichen Abseits, wer in Armut aufwächst, hat viel schlechtere Bedingungen. Vielleicht spielt auch dieser deutsche Drang, zu folgen und zu gehorchen, eine Rolle? Wenn ich hier bestimmte Formulare fünf Mal ausfüllen muss und dann sage: »Das Blatt habe ich doch schon mal ausgefüllt«, dann denke ich das, ist es vielleicht doch Teil einer Mentalität? Es gab ja damals eine große gesellschaftliche Veränderungssehnsucht – die Angebote der Nazis erschienen vielen als eine gute Idee; und wie attraktiv war das für die Kinder! Lagerfeuer, Nachtwanderungen, und ganz nebenbei lernte man noch die Juden hassen.

Viele Menschen waren beunruhigt. Ich lese, was die Schweizerin Annemarie Schwarzenbach im selben April 1933 aus Berlin an Klaus Mann schrieb: »Selbstverständlich ist Deutschland wieder dabei, sich zu isolieren, sich verhasst zu machen und bei sich den Hass auf Generationen gross zu züchten ... Ich frage mich nur – und täglich wird es dringender – ob die Leute sich eigentlich die Bedeutung der Vorgänge klarmachen – nämlich, dass hier nicht nur eine verhasste Tendenz vorübergehend die Oberhand gewinnt, sondern dass ein ganzes Volk, und trotz allem ein hochbegabtes, das man aus der Geschichte der europäischen Kultur nicht streichen kann ... sich zu diesem Weg bekennt ... Beteiligt sind wir alle. Sich abwenden ist eigentlich so gut wie Selbstaufgabe und Selbstmord.«

Wenn ich hier entlanggehe und von dem rasanten Tempo lese, in dem die Macht mit Gewalt und äußerster Brutalität seit 1933 übernommen wurde, erscheint es mir unglaublich, dass noch fünf Jahre später ein jüdisches Kind, meine Mutter Anita, allein hierher reiste, um Cellostunden zu nehmen, direkt hinein in den Rachen des Bösen.

Meine Mutter überlebte jene Zeit, aber sie war nicht beladen mit dem Zwang, den Wahnsinn zu verstehen. Daran sind viele gestorben, Primo Levi, Stefan Zweig, viele andere. Meine Mutter ist jemand, die tut, die handelt, Renate war das auf ihre Weise auch. Das hat sie beide gerettet, glaube ich.

Auf den Schautafeln, an denen ich vorbeilaufe, zeigt eine den Jahreskalender, den die Nazis wie überhaupt den ganzen Alltag der Deutschen neu zu regeln versuchten, bis hin zur Einrichtung neuer Feiertage. Eintopftag! Alles weist schon auf den Krieg voraus – und zugleich, wie lächerlich. Ich gehe hier entlang und kann es einfach spießig finden.

Ich wusste ja immer, dass meine Eltern Deutsche waren – und für mich war die deutsche Wesensart assoziiert mit den Worten »verboten« und »schlecht«. Es gab überhaupt keinen direkten Kontakt zu etwas Deutschem. Deutsche Automarken zum Beispiel, VW, Mercedes –, alles war schlecht. Für uns war das natürlich verwirrend, weil wir keine Möglichkeit hatten, das alles einzuordnen. Eine »Eintritt verboten«-Dynamik entstand und man wurde nicht schlau daraus. Auf der einen Seite kannte ich das Renate-Deutschland, das fein duftete und schöne Dirndls für kleine Mädchen verhieß, auf der anderen hörte ich die giftigen Reaktionen meiner Mutter, wann immer etwas Deutsches auftauchte. Alles war gespalten, infiziert. Deutsch als Sprache gehörte den Erwachsenen. Heute beklagt Mum meine fehlenden Deutschkenntnisse, worauf ich nur erwidern kann: Es ist dein Versäumnis! Mein Französisch ist gut, doch ausgerechnet Deutsch erscheint mir endlos schwer, obwohl ich mit dem Klang der Sprache aufgewachsen bin.

Ich denke an eines der ersten Gespräche, das meine Mutter und ich öffentlich als Zeitzeuginnen führten, da sprach sie sehr offen über das Thema: »Ich wollte meine Kinder nicht dazu bringen, alles Deutsche zu hassen, ich wollte keinen Hass in sie pflanzen. Wenn ich Deutsche hasste, dann war das meine Sache. Es gab damals einen Film über Belsen, professionell von Alfred Hitchcock fotografiert, die Aufnahmen lagen dann während des Kalten Krieges im Imperial War Museum, erst später wurde ein Film daraus gemacht; ich wurde gefragt, ob ich die Bilder kommentieren würde. Es war eine wunderbare Zeremonie in England, eine private Vorstellung, und mein Sohn Raphael sagte zu mir: Dir ist schon bewusst, Mama, dass du uns nie davon erzählt hast. Mir wurde klar, dass ich zumindest schreiben muss – wenn ich schon nicht sprechen kann. Ich entschuldigte mich bei meinen Kindern, dass ich so lange gebraucht hatte – es hatte ja eine Zeit gegeben, direkt nach der Befreiung, in der wir, Renate und ich, etwas darum gegeben hätten, gefragt worden zu sein. Aber als niemand fragte, fielen wir hinein in dies Loch aus Schweigen. ›Wir wollten dich nicht aufregen‹, sagten die Leute – aber was hätte uns noch aufregen können nach dem, was wir erlebt haben? Dann gab es also irgendwann mein Buch, und seither reise ich ja oft nach Deutschland. Ich bedaure es überhaupt nicht. Damit habe ich eine Grenze überschritten – es interessiert mich nicht mehr, wo jemand geboren ist, sondern was für ein Mensch er ist.«

Ich bin in der Mitte des langen Dokumentationsweges angekommen. Stehe vor einem gewaltigen zerbrochenen Tor ... Und jetzt ist es so weit, ich muss abbrechen, ein anderes Mal mit der Ausstellung weitermachen.

»Die Sonne scheint, und Dutzende meiner Freunde sind im Gefängnis, sind möglicherweise tot«, schreibt Isherwood wenige Tage, bevor er Berlin für immer verlässt. »Ich betrachtete mein Gesicht in der Spiegelscheibe eines Ladens und bin entsetzt, mich lächeln zu sehen. Man kann nicht anders – man muss lächeln, wenn das Wetter so schön ist. Die Straßenbahnen fahren die Kleiststraße hinauf und hinunter wie sonst. Die Straßenbahnen, die Leute auf dem Bürgersteig und die Teepuppen-Kuppel des Bahnhofs Nollendorfplatz haben etwas seltsam Vertrautes, eine auffallende Ähnlichkeit mit etwas, das man von früher her als normal und erfreulich in Erinnerung hat – wie eine sehr gute Fotografie. Nein. Auch jetzt kann ich es immer noch nicht glauben, dass dies alles vorbei ist ...«

Andreas Nachama lässt den Mantel an und die Kappe auf dem Kopf, denn der Frühling ist noch kalt und wir treffen uns in einem Raum bei weit offenen Fenstern.

Nachama ist knapp siebzig, und hat ein Gesicht voller Lachfalten. Bis vor kurzem war er geschäftsführender Direktor der »Topographie des Terrors«. Fünfundzwanzig Jahre hat er die Gedenkstätte in Berlin geleitet.

»Wie ist es eigentlich zu dieser Konstellation gekommen?«, frage ich ihn. Dass er, als Jude, ausgerechnet diese Gedenkstätte mitbegründet und so lange geleitet habe? Er sei Historiker, sagt Nachama schlicht, das sei sein Beruf und die Spur, die ihn von Station zu Station geführt habe. Von Berlin, seiner Heimatstadt, war er in den 1970ern als junger Hochschulassistent für englische Geschichte nach Bochum gegangen. »Irgendwann im Dezember 1979 wurde jemand für die Vorbereitung der großen Preußen-Ausstellung in Berlin gesucht. Ich bewarb mich und bekam den Job. Ich erzählte das meiner Mutter an Chanukka, dass ich also an einer Ausstellung im Gropius-Bau mitwirken würde. ›Das war der Ort der Gestapo‹, sagte meine Mutter.«

»Wieso dachte Ihre Mutter als Erstes gleich daran?«, frage ich Nachama. Er erzählt, dass Lilli Schlochauer, seine Mutter, 1922 als Jüdin in Berlin geboren worden war und den Krieg in verschiedensten Verstecken überlebt hatte. »Sie war noch nicht volljährig, hätte also den Pass ihres Vaters gebraucht, um zu emigrieren. Ihr Vater aber hatte, einen Tag bevor sie das Land hätten verlassen können, Selbstmord begangen, sie war also in Berlin gleichsam eingesperrt.«

Was für eine Geschichte! Und wie viele Verstecke waren das?

»Viele«, antwortet Nachama lapidar. »Zwanzig? Fünfundzwanzig?« Es gäbe einen Film über den Grunewald – darin habe er an der Seite seiner schon betagten Mutter diverse Orte in Berlin aufgesucht, an denen Menschen sie versteckt hätten. »Sie hatte damals als junges Mädchen als Zwangsarbeiterin bei Siemens gearbeitet, als an einem Tag ein Vorarbeiter zu ihr sagte: ›Geh sofort nach Hause, da, durch die Hintertür!‹ Es war der Tag der sogenannten Fabrikaktion im Februar 1943. Meine Mutter war den ganzen Tag in der Ringbahn unterwegs, bis sie am Abend zur Frau ihres Onkels ging, die Christin war, Agnes Wertheim, die Frau des Kaufhausbesitzers, und meine Mutter wusste, wann sie Dienstschluss in der Drogerie hatte, in der sie arbeitete. Meine Mutter hatte keine Eltern mehr, beide waren kurz hintereinander gestorben, sie war einundzwanzig Jahre alt und wurde zunächst von der Tante im Grunewald in einer schönen Villa versteckt.«

»Sprach Ihre Mutter über all das?«

»Wenig. Es waren mehr ihre Onkel, von denen ich hier und da etwas erfuhr. Bei Beerdigungen zum Beispiel, wenn alle sich trafen und wenn die Schlochauers, die ursprünglich aus Schlochau in Westpreußen stammten, über die alten Zeiten sprachen; wie sich diese Jeckes am Schlochauer See getroffen und eine gute Zeit gehabt hatten.« Andreas Nachama lacht in sich hinein.

»Sie als Sohn erfuhren also nicht von ihr, was es mit Krieg und Nazizeit auf sich gehabt hatte?«

»Das war schwierig ... Wir wohnten gegenüber einem

kriegszerstörten Haus, und natürlich war es für uns Kinder sehr attraktiv, dort zu spielen. Meine Mutter aber war absolut dagegen. Wenn ich sie fragte: ›Warum ist das Haus kaputt, wer hat es zerstört?‹, dann bekam ich zur Antwort: ›Du bist zu klein, das erfährst du später.‹ Damals trugen ja noch drei Viertel der Stadt Zerstörungsspuren, es war also ein großes Rätsel für mich – und brauchte etliche Jahre und viel eigenen Willen, es selbst zu entdecken.«

»Das ist ähnlich wie bei mir«, entgegne ich, »ich öffnete einmal eine Schreibtischschublade meiner Mutter und fand darin Bilder aus dem KZ. Immer wieder fragte ich meine Eltern, wer hat all die Menschen getötet? Ich bekam nie eine wirkliche Antwort.«

»Wir gingen als Familie dreimal im Jahr auf den Friedhof Weißensee«, fährt Nachama fort, »dort lagen meine Großeltern, also auch der Großvater, der sich umgebracht hatte. Meine Mutter betrauerte immer ihre Mutter auf diesem Rundweg, sie sprach über sie, erzählte Geschichten, und irgendwann fragte ich dann auch nach ihrem Vater, meinem Großvater, und bekam wieder zur Antwort: ›Nicht heute‹ ... So war das mit meiner Mutter, und deshalb kam ihr dann 1979, als erste Assoziation zum Gropius-Bau der Umstand in den Sinn, dass dort damals die Gestapo gesessen hatte. Bei den Recherchen für die Ausstellung suchte ich in Bibliotheken nach alten Adressbüchern und sah: Das Gestapo-Hauptquartier befand sich nicht im Kunstgewerbemuseum, dem Gropius-Bau, sondern in der Kunstgewerbeschule in der Prinz-Albrecht-Straße 8, einem Gebäude, das nicht mehr steht. Wir planten für die Ausstellung einen kuratierten Raum mit Blick auf das Gelände, wo schon vor Hitler die Preußische Geheimpolizei gelegen hatte. Ich blieb nach der Preußen-Ausstellung in Berlin, war für die Festspiele hinsichtlich der 750-Jahr-Feier Berlins im Jahr 1987 einer derer, die für kulturelle Projekte zuständig waren.

Bei einer Abendveranstaltung in Bundespräsident Weizsäckers Gästehaus im Grunewald brachte ich die Sprache auf den Gropius-Bau. Wir könnten, meinte ich damals, die zwölf Jahre der Hitler-Diktatur nicht ignorieren in unserer Präsentation der Stadt. Weizsäcker war damals der Einzige, der klar sagte: ›Sie haben völlig recht. Finden Sie einen Weg!‹

1986 begannen dann die Grabungen auf dem Gelände, auch Bürgerinitiativen drängten darauf, und man fand den Boden einiger Zellen des Hausgefängnisses der Gestapo. Nun entstand um diese Ausgrabungen herum die Idee eines kleinen Pavillons auf dem Gelände, ein Provisorium. Dieses Provisorium, die ›offene Wunde‹ sozusagen, wurde dann aber der erfolgreichste Teil der ganzen Jahr-Feier – schon im ersten Jahr waren 300 000 Menschen dort. Das Provisorium wurde also auf Dauer gestellt.«

»Hieß das Gelände dann damals schon ›Topographie des Terrors‹, von wem stammt der Name überhaupt?«

»Adressen des Terrors«, so habe damals der Arbeitstitel gelautet, unter dem sie in einer Gruppe an dem Projekt gearbeitet hätten, sagt Rabbiner Nachama. »Ich war der einzige Jude in der Gruppe. Dann kam ein Buch heraus, der erste Katalog sozusagen, heute weiß niemand mehr, wer damals auf den Namen gekommen ist. ›Adressen des

Terrors‹ konnten wir nicht verwenden, weil plötzlich zeitgleich ein anderes Buch unter diesem Namen erschien. Wir hatten in unserer Endauswahl einige gute Titel, nach vielen Gläsern Wein«, Nachama lacht, »und irgendwann war es dann die Topographie des Terrors.«

»Was bedeutete es denn für Sie, als jüdischer Sohn von Holocaust-Überlebenden, gerade diese Position zu bekleiden – die Leitung des verdichteten Nazi-Geländes?«

»Nun, ich war ja nicht der Einzige, die Topographie hat mehrere Väter ... es entwickelte sich, war nicht sehr hierarchisch, keine Chefs im Team. 1988 war ich noch als Kulturmanager für andere Dinge zuständig. Es kam dann 1992 zur Ausstellung ›Jüdische Lebenswelten‹, 1995 wurde die Topographie offiziell gegründet. Der Historiker Reinhard Rürup und ich waren die Direktoren. Da Rürup aber weiter an der Universität arbeitete, leitete ich dann das Projekt, wurde 1994 geschäftsführender Direktor.

»Sehen Sie es denn eher als eine Koinzidenz an, dass Sie als Kind von Überlebenden Direktor des Täterortes wurden und lange blieben?«, frage ich ihn.

Nachama zuckt mit den Schultern. »Ich habe es ja nie so geplant. Ich hatte immer so viele Projekte. Und bei diesem bin ich geblieben. Was war es, das mich fortgesetzt Interesse daran haben ließ? Ich denke, es waren die Biographien der Opfer.«

»Hat die Arbeit in der Topographie Sie auch zu Begegnungen mit Tätern geführt?«, platzt es aus mir heraus.

Nachama lacht. »Ja, hat sie. Die verrückteste war wohl die mit dem Sohn von Eichmann. Stellen Sie sich das vor:

Ein Anruf, und jemand sagt: ›Hören Sie, Eichmann will Sie sprechen.‹ Er sagte: ›Er sei der Sohn von Adolf. Ein seltsames Gespräch. Er wollte wissen, was ich über seinen Vater weiß. Vielleicht ging es um eine Akte im Bundeskanzleramt oder Bundesnachrichtendienst, die immer noch geschlossen ist. Ich vermute, dass die Pension für Adolf Eichmann in Argentinien von Adenauer unterschrieben worden war.«

»Was war denn überhaupt mit Ihrem Vater? Ich glaube, da gibt es eine Parallele zur Geschichte meiner Mutter.«

»Estrongo Nachama aus Saloniki, der schon dort Kantor war, hatte als Soldat im Krieg gekämpft. Zusammen mit seiner ganzen Familie kam er nach Auschwitz. Seine Eltern und seine Schwester, auch seine Braut wurden dort ermordet. Er selbst überlebte, wegen seiner schönen Singstimme.«

»Dann war seine Stimme für ihn vermutlich das, was für meine Mutter das Cello war. Rabbi Nachama, hat Ihr Vater über Auschwitz gesprochen?«

»Kein einziges Wort.«

Estrongo, Nachamas Vater, war sephardischer Jude aus Saloniki und wurde in Berlin zum Aschkenasen. »Er hatte nie vorgehabt, in Berlin zu bleiben. Er bekam Typhus nach dem Krieg, wollte einen Zug zurück nach Griechenland nehmen. Ich denke, vielleicht hat er nie wirklich die Entscheidung getroffen, hier zu bleiben, er ist einfach geblieben. Ich wusste vieles nicht über ihn. Es gab zum Beispiel diesen italienischen Freund, von dem wir immer Postkarten bekamen. Luigi, wer ist Luigi? Ich hatte keine Ahnung, woher sie sich kannten. In den frühen 1960er

Jahren reisten wir dann mal nach Italien, zu Luigi, er war Bauer, baute Wein an. Dort fragte ich ihn, als zehnjährige Kind bei der Pasta, ich fragte: ›Wo habt ihr euch kennengelernt?‹

›Am S-Bahnhof Lichtenberg‹, sagte Luigi, ›ich war ein IM. Ein Italian Military, der sich nach Mussolini entschieden hatte, nicht nach Italien zurückzukehren. Sie sehen, ich musste ein richtiger Sherlock Holmes sein, um die Geschichte meiner Eltern zu rekonstruieren ...«

»Und was hielt Ihr Vater davon, dass Sie die Topographie von Anfang an mit gestalteten?«

»Vom Entstehungsprozess bekam mein Vater nicht viel mit. Das Ergebnis nahm er zur Kenntnis. Ich weiß gar nicht wirklich, was meine Eltern über mich in der ›Topographie des Terrors‹ dachten ... einmal stimmten sie einem Interview zu, wenn ich auch anwesend wäre, und sagten dann immer wieder: ›Fragen Sie unseren Sohn, er weiß es besser.‹ Mein Vater war immer froh, dass ich mein Geld nicht bei der Jüdischen Gemeinde verdiente – trotz eigenem Engagement stand er ihr sehr skeptisch gegenüber.«

»Würden Sie sagen, dass die Jüdische Gemeinde sich erholt hat von ihrer Zerstörung?«

»Natürlich nicht ... Die Leute waren befreit, sie saßen zusammen nach dem Krieg, sie hielten ihre Morgengebete, wenn es im Kiddusch eine deutsche Zeile gab, standen manche Leute auf und gingen raus. Mein Vater sprach bis zum Schluss schlecht Deutsch: ›Das ist was für die Gojim‹, sagte er. Sein Französisch war allerdings fast perfekt – er war voller Widersprüche.«

»Was heißt es dann heute, jüdisch zu sein in Berlin?«

»Nun, wir haben zehn bis zwölf Synagogen, alle sind sehr verschieden. Ich kann im Grunde nur über meine sprechen. Wir sind eine Kongregation aus zweihundertvierzig Mitgliedern in der Herbart-Synagoge in Charlottenburg, vierzig, fünfzig Leute kommen zu den Gottesdiensten; wir stehen herum, reden miteinander. Soziale Interaktion ist wichtig. Frauen und Männer sind zusammen, wir haben eine weibliche Kantorin, sie war schon im Chor von Estrongo.«

»Ich habe mich gefragt, wieso die jüdischen Friedhöfe in so unterschiedlichem Zustand sind. Während man in Weißensee das Gefühl hat, dass dieser Ort bruchlos seit über hundertfünfzig Jahren wächst, ist der Friedhof in der Großen Hamburger Straße in einem desolaten Zustand ...«

»Weißensee entkam irgendwie der Zerstörung. Und der Friedhof in der Großen Hamburger Straße ist tatsächlich in Berlin der einzige, systematisch von Nazis zerstörte Jüdische Friedhof ... Er war auch vor 2006 ein ›Wasteland‹. Man kann dort nicht graben, es liegen zu viele Menschen unter der Erde. Und generell kann sich nur etwas ändern, wenn sich Leute zusammentun. Sonst wäre schon vieles andere ebenso verloren gegangen. Denken Sie an die kleine Gedenkstätte am Güterbahnhof Moabit, mit dem Gartenmarkt daneben. Als der gebaut wurde, erhielt ich eines Tages einen Anruf vom Bauleiter, er wollte wissen, wo genau die Gleise lagen, von denen deportiert worden war. Und dann teilte er dort eine kleine Fläche ab und sorgte während der ganzen Bauzeit dafür, dass sie geschützt blieb. Dafür hätte er das Bundesverdienstkreuz bekommen sollen. Es braucht immer solche Menschen aus dem näheren Umfeld, die sich verantwortlich fühlen, sonst gehen diese Orte verloren.«

»Es ist ein schönes Gefühl, dass Menschen hier Verantwortung übernehmen wollen.«

»Die Große Hamburger Straße ist ja in ihrer ganzen – wenn auch kurzen – Länge eine bedeutsame Strecke für Juden. Für meine Mutter war die Straße das Synonym für Tod. Levetzowstraße, Große Hamburger ... das stand für Sammellager, für Deportation, für sicheren Tod. Als an der Großen Hamburger Straße das Gymnasium wiedereröffnet wurde und ich zu ihr sagte: Mama, ich gehe heute in die Große Hamburger Straße, da fiel sie fast in Ohnmacht.«

»Wie würden Sie beschreiben, was die von den Nazis verursachten Traumata Ihrer Eltern Ihnen angetan haben?«

»Ich bin mir nicht sicher ... Es wäre lächerlich, zu sagen, es hat mir nichts angetan. Aber wenn Sie fragen: Sind Sie traumatisiert?, dann muss ich antworten: Ich empfinde es nicht so.«

»Sie sind dort geboren, wo Sie hingehören. Ihre kulturellen Referenzen wurden nicht in der Weise durcheinandergebracht wie bei mir. Ich fühle mich tatsächlich ›displaced‹. Deutsche Kultur, deutsche Ästhetik, diese Dinge habe ich in mir selbst geborgen, all das ist in mir, aber es wurde verleugnet, es konnte sich nicht entfalten.«

»Ja, meine Mutter war in Berlin zu Hause. Ich auch, denke ich.«

»Kehrten denn viele der überlebenden Juden nach dem Krieg in die Stadt zurück?«

»Nein, sehr wenige. Nathan Peter Levinson, der mit seiner Familie noch 1941 das ganz unwahrscheinliche Glück hatte, emigrieren zu können, war einer von ihnen. Er kehrte 1950 nach Berlin zurück, als einer der ersten Rabbiner nach dem Krieg.«

»Ich persönlich spüre sie in Charlottenburg ganz stark, die Verbindung zu meinen Vorfahren; zu diesem Leben damals, das ja gut war, bevor es furchtbar wurde.«

9
Reisen

Liebe Großeltern,
als ich mich nun kürzlich auf die Reise nach Breslau machte, stellte ich mir vor, ich wäre unterwegs, um euch zu besuchen. Wie schön wäre es, man könnte eine Zeitreise machen ... Ihr wäret tatsächlich auf dem Bahnsteig, um mich abzuholen, und würdet mir eure Heimatstadt in ihrer ganzen beeindruckenden Schönheit von damals zeigen. Aber die Wahrheit ist, dass es euch nicht mehr gibt, genauso wenig wie jenes Breslau. Dieser Teil unserer Geschichte ist so gut wie ausgelöscht. Der einzige Ort, an dem er noch existiert, ist unser kollektives Gedächtnis.
Und trotzdem, davon will ich euch berichten, habe ich nach jenen Orten und Plätzen gesucht, deren Namen mir schon ein Leben lang vertraut sind. Ein paar davon scheinen für die Ewigkeit gebaut, wie etwa der Bahnhof, auf dem eure Töchter verhaftet wurden. Es ist seltsam, verstörend, darüber nachzudenken, dass ihr vom selben Bahnhof zu schönen Familienreisen aufgebrochen wart.
Ich reiste nun also aus Berlin an, auf derselben Strecke, die auch Mum 1938 genommen hatte, als sie mit ihrem Cello zum Unterricht in die Reichshauptstadt fuhr. Ich stieg am

Berliner Hauptbahnhof in den Zug nach Wrocław, es war derselbe Ort, aber das Ziel trug einen neuen Namen und lag in einem anderen Land. Atemlos stieg ich wenige Stunden später wieder aus. Es tat weh, am selben Ort zu sein und in den Fußstapfen der Laskers aus Breslau zu laufen. Anita, eure Jüngste, ist kein Mensch der Gefühle, überhaupt nicht sentimental. Ihr Gefühlsleben ist irgendwann erstarrt und alles dreht sich seither nur noch um die praktischen und konkreten Aspekte des Lebens. »Damals war damals, und heute ist heute ...« Sie ärgert sich, wenn ich sie nach Dingen frage, über die sie gar nicht mehr nachdenken möchte.

Und so lief ich den Bahnsteig entlang und schaute in die Gesichter der Menschen, die keine Idee davon haben, was hier, in ihrem Zuhause, einst passiert ist. Es ist so lange her, dass hier eine andere Sprache gesprochen wurde. Für mich wird es dadurch nochmal schwieriger, mich zu orientieren und mich verbunden zu fühlen.

Ich ging also durch die Straßen, einen Stadtplan mit sowohl den alten deutschen als auch den neuen polnischen Namen in der Hand, denn diese Suche war mir wichtig; es war bedeutsam, jene Schauplätze zu finden, die vielleicht noch existieren. Ich spürte das Verrinnen der Zeit, wie sie Orte beseitigt oder vollständig verändert. Und doch konnte ich nicht aufhören zu suchen. Ich stellte mir alles vor, das Gute, das Böse, das Fürchterliche, all das, was hier schon geschehen ist. Aber mehr als alles andere überwältigte mich das Gefühl, nach euch zu suchen.

Draußen vor dem Bahnhof nahm ich den Weg auf, den eure Töchter an diesem furchtbaren Tag nach ihrer Verhaftung gegangen sind. Ich ging den gleichen Weg, Rich-

tung Gartenstraße, zum früheren Gestapogelände; ich kam an die Straßenkreuzung, an der sie versucht hatten, sich umzubringen. Meine Lieben, alles in mir wehrt sich, diese ungeheuerliche Begebenheit so zu erzählen, als wäre sie »normal«, üblich, und doch war sie genau das in diesen finstersten Zeiten.

Schon als sie bei der Bahnhofspolizei warteten, hatten Anita und Renate das weiße Pulver, das Mum in einem Fläschchen in ihrem Strumpf aufbewahrte, in zwei Hälften geteilt. Ohne dass die Gestapomänner, die vor ihnen herliefen, es bemerkten, schluckten sie es nun. Mum erinnert sich, bis drei gezählt zu haben. Eure Töchter hatten geglaubt, gleich wäre ihr Leben vorbei – wenigstens würden sie es dann selbst entschieden, es von eigener Hand getan haben. Doch sie erinnert sich auch an das Gefühl von Erleichterung, noch am Leben zu sein, Renate ging es genauso. Sie überlebten, tatsächlich.

Jetzt stand ich selbst an diesem Ort. Mir zitterten die Knie, mein Herz raste und ich weinte. Wie kann das Leben so zerbrechlich sein? Das Schicksal selbst so unabsehbar? Und dann, liebe Großeltern, sind da diese Ecken in Breslau, die einfach atemberaubend schön sind, und ich stelle mir euch dort vor, euch alle zusammen, auf diesen herrlichen Plätzen, wo ihr vielleicht saßt, Kaffee getrunken und Kuchen gegessen habt. Und während nun ich an einem solchen Ort saß, schien mir die Sonne ins Gesicht und überhaupt war alles in goldenes Licht getaucht. Unmöglich, mir vorzustellen, dass auch das hier stattgefunden hat: Tausende jüdischer Menschen, die registriert, deportiert, in den Tod geschickt wurden.

Eine Woche später, auf meinem Berliner Balkon, dachte ich über alles nach, was ich gesehen, und alles, was ich vermisst hatte, und es bricht mir das Herz.

In Liebe,
Maya

Wie seltsam, diese Zugreise!

Ich frage mich, wie viele Stunden sie wohl damals gedauert hat, als Mum sie unternahm, dreizehn Jahre alt, ihr Cello im Gepäck. Wie wird sie sich gefühlt haben? Wie war ihr zumute? Ganz sicher war sie voller Freude, ihre geliebten Eltern und Schwestern wiederzusehen.

Wie haben die Felder, die an mir vor dem Zugfenster vorbeifliegen, damals ausgesehen? Vermutlich genauso – denn über weite Strecken ist da ja nur Landschaft, keine Häuser, keine Bebauung, nur grüne, sehr grüne Landschaft. Und die kleinen Städte, welche Namen sie wohl damals trugen?

Dann komme ich an, mehr als achtzig Jahre später. Dieser Bahnhof! Auch er ist ein ungewöhnlicher, seltsamer Bau, hellgelb gestrichen, eine Art Burg mit Zinnen und Türmchen. Habe ich so einen Bahnhof schon mal gesehen? Ich lese, dass er 1857 als erster großer deutscher Bahnhof im englischen neugotischen Tudorstil erbaut wurde. Auch Einheimische bemerkten das Ungewöhnliche dieses Bahnhofs, so steht es in in dem Buch über Breslau, das ich lese. Der deutsch-jüdische Schriftsteller und Philosoph Günther Anders, der 1933 ins Exil floh und 1966 seine Heimatstadt wiedersah, schrieb: »Es ist der Bahnhof, der erste Bahnhof, den ich je gekannt hatte, der schon damals uralte und lächerliche ›Hauptbahnhof‹ mit Türmchen und Zinnen, ›die große Ritterburg‹, wie wir ihn genannt hatten ... Es ist nicht zu glauben: gerade das mußte, als alles in Schutt sank (angeblich 75 Prozent der Stadt), gerade das mußte also stehenbleiben, gerade das intakt den Untergang überleben. Oder sollten die Polen diese Deutschtümelei mit Toren, Türmchen und Zinnen so wiederaufgebaut haben?«

Ob auch meiner Mutter dieser Gedanke gekommen war: Warum ausgerechnet der Bahnhof unzerstört geblieben war, wo doch so vieles andere in Schutt und Asche sank? Denn gerade der Bahnhof ist ja untrennbar mit einem der hoffnungslosesten Momente in ihrem und Renates jungem Leben verbunden: der gescheiterten Flucht nach Paris, der Gefangennahme durch die Gestapo.

Ich komme an, es ist der zweite Besuch in Breslau. Die erste Reise ist mehr als fünfundzwanzig Jahre her. 1995 war ich zusammen mit meiner Mutter in Breslau gewesen.

Der Besuch damals war qualvoll gewesen, und diese Qual kommt in meiner Körpererinnerung auch jetzt wieder hoch. Ich wusste damals überhaupt nicht, was ich empfand, hatte keinen Kontakt zu meinen eigenen Gefühlen. War völlig unvorbereitet, nicht gefasst auf das, was kommen würde. Ich erinnere mich noch genau an unsere Ankunft; wir stiegen aus dem Zug, da war gleich das Filmteam mit Kameras, der ganze Bahnsteig voller Gerät und technischem Equipment, ich erinnere mich, wie ich mich zu meiner Mutter umdrehte, doch sie hatte sich schon abgewandt von mir, ich weinte. Glücklicherweise hatte ich eine Sonnenbrille auf, die Leute konnten meine Tränen nicht sehen, das war eine Erleichterung. Ich war unglaublich angespannt, und zugleich verstand ich nicht, was mit mir los war. Das Bild, das mir noch ganz genau vor Augen steht, ist meine Mutter, die mir ihren Rücken zuwandte, völlig unerreichbar für mich. Sie konnte nicht anders, ich weiß. Aber es fühlte sich fürchterlich an, das Wissen, dass ich nun hier allein sein würde, unverbunden.

Man kann sich, wie ich heute weiß, auf solche Erfahrungen, solche Momente, nicht vorbereiten. Ich hätte nicht im Vorhinein wissen können, was ich fühlen würde oder wie es für meine Mutter wäre, zusammen mit ihrer Tochter hier zu sein, dem ersten Familienmitglied, das mit ihr zusammen ihre alte Heimatstadt besuchte. Der ersten Zeugin. Nichts davon war mir vorher klar gewesen. Aber die Ankunft am Bahnhof war letztlich traumatisch, es war ja dieser Bahnhof, von dem aus die Laskers immer auf Reisen gegangen waren; bis zu dieser letzten Reise der Töchter nach Paris, die aber nie stattfinden sollte. Und ich erinnere mich an noch etwas: Auf den Abfahrtsschildern der Züge standen Ortsnamen, die mir bekannt vorkamen, die ich irgendwie assoziierte mit Konzentrationslagern.

Das war damals. Jetzt und hier weiß ich noch nicht genau, was ich fühle, aber ich bin mir einer Veränderung bewusst, die sich irgendwo in meinem Körper vollzieht.

Obwohl ich ohne meine Mutter hier bin, ist das, was ihr hier passiert war, bei jedem meiner Schritte dabei. Ich denke an den Moment, als Renate und sie hier standen, am Bahnhof, voll der Hoffnung, den rettenden Zug nach Paris zu erreichen. Und dann wurden sie angehalten. Die Gestapo war auf ihrer Spur.

Und nun gehe also ich diesen Weg, jetzt am helllichten

Tag. Die alte Gartenstraße führt in einem Bogen am Bahnhof vorbei in Richtung der heutigen Polizeiwache, dem früheren Gestapogebäude. Heute Józefa Piłsudskiego genannt, ist es eine belebte vielspurige Straße, nach vielleicht hundert Metern von der ebenfalls breiten, verkehrsreichen Świdnicka gekreuzt, der früheren Schweidnitzer Straße.

Heute steht an dieser Ecke – merkwürdige Koinzidenz – ein Denkmal, das den Namen »Denkmal des Anonymen Passanten« trägt. Es entstand 1977, wurde aber erst 2005 hier installiert und zeigt, fast lebensgroß, Figuren von sieben Menschen: Frauen, Männer und Kinder, eher ärmlich gekleidet, die langsam im Boden versinken. Die vordersten sind schon bis zur Brust im Asphalt verschwunden, die hinteren noch ganz zu sehen. Dann überquert man die Świdnicka und findet auf der anderen Straßenseite das Ganze gleichsam in seiner spiegelverkehrten Version: Die gleichen sieben Menschen tauchen hier nun langsam aus der Erde wieder auf, in der sie offensichtlich verborgen waren. Untergetauchte?

Es ist eine in vieler Hinsicht bedeutungsvolle Kreuzung: Wären Anita und Renate nach links die Schweidnitzer Straße weiter hinuntergegangen, statt geradeaus ihren erzwungenen Weg durch die Gartenstraße fortzusetzen, wären sie zu ihrem Elternhaus gelangt. Denn etwas weiter südlich wurde die Schweidnitzer Straße zur Kaiser Wilhelm Straße. Und in der Kaiser-Wilhelm-Straße 69 hatten sie bis zu ihrer ersten Vertreibung gewohnt, waren behütet und geborgen gewesen im Elternhaus. Das war Vergangenheit. Jetzt ging vor ihnen die Gestapo.

Auch ich bin nun bald dort angekommen: von der früheren Museumsstraße aus sieht man die beiden riesigen Gebäude vor sich liegen, links das Gefängnis, ein roter Zinnenbau, eine Art Zwilling zum ritterburghaften Bahnhof, und rechts vor uns das finstere Ungetüm der 1929 fertiggestellten Polizeistation, aus dunkelrotem, fast schwarz wirkendem Backstein. Ich erreiche einen kleinen Seiteneingang des Polizeigebäudes, begegne einem Polizisten, der sich auf das Gespräch mit mir einlässt. Ich erzähle ihm, dass meine Mutter und Tante hier ein Jahr in Haft waren, bevor sie nach Auschwitz und Bergen-Belsen deportiert wurden.

»Es tut mir leid«, sagt er, auf Deutsch.

Es bedeutet mir viel, dass der Polizist verstand, worum es ging. Wir sprachen nicht dieselbe Sprache, aber ihm war klar, warum ich hier war und was ich wollte, und er hatte Tränen in den Augen. Ich bin atemlos, außer Atem.

Ich gehe um den Gebäudekoloss herum, an der dunklen Backsteinwand entlang bis zum Haupteingang, der direkt am schönen Stadtgraben liegt. Jenseits des Grabens, das weiß ich, liegt die Altstadt. Ich drehe mich um, schaue hoch, der Eingang zum Polizeigebäude ist über eine breite große Treppe zu erreichen. Oben ist die schwere alte Tür angelehnt. Dann stehe ich in einer Art Foyer, eine weitere breite Treppe führt in die nächsthöhere Etage. Die Wände sind in einem klinischen Grün gekachelt – auch von innen wirkt das Gebäude eiskalt, einschüchternd, furchteinflößend. Alles ist unverändert seit achtzig Jahren! Links bemerke ich den Empfangsbereich, eine Pforte und nun versuche ich, mich der Frau dort verständlich zu machen, indem ich ihr erkläre, wer ich bin und warum ich hier bin.

Ich warte auf jemanden, der sich zuständig fühlen könnte, weiterhelfen, denn bisher spricht niemand Englisch. Aber ich darf nicht weichen, muss irgendetwas zurückdrehen. Zurückdrehen? Mir ist bewusst, wie verrückt das klingt: Da gibt es nichts zurückzudrehen, ungeschehen zu machen. Trotzdem fühlt sich dieses Vorhaben wesentlich und unbedingt an.

Eine Frau kommt hinzu, die wieder nur Polnisch spricht, zusammen mit einem weiteren Polizisten. »Haben Sie eine Straftat zu melden?«, fragt sie mich. »Ja«, sage ich, »allerdings keine, die Sie begangen haben.« »Es geht Ihnen um die Geschichte?«, fragt die Frau nun nach. »Ja«, bestätige ich.

Ich sehe, wie der Mann und die Frau sich auf Polnisch austauschen, dann fragt er mich, ob ich eine Führung wolle oder etwas in der Art? Ich bedanke mich bei ihm und verneine: »Alles in Ordnung, das hier ist schon das, was ich gebraucht habe, verstehen Sie?« »Sie wollten die Orte sehen, an die Ihre Mutter damals gebracht wurde, richtig?« »Ganz genau«, entgegne ich, »genau das. Ich möchte die Freiheit verspüren, hierherkommen und wieder gehen zu dürfen, wissen Sie?«

Er nickt, verabschiedet sich und weist mich noch auf die Gedenktafel hin, die an die Schreckensjahre erinnert, derentwegen ich hier bin. Ich erzähle ihm, dass ich immer Blumen mitnehme an die Gedenkorte meiner Familie, und das nun auch hier in Breslau tun würde. Er erklärt sich bereit zu helfen.

Nun stehe ich draußen, unten auf der Straße. Vor mir erstreckt sich jenseits des Stadtgrabens die Altstadt, gleich drüben beginnt das wiederaufgebaute, in Spuren erkennbare alte Breslau.

Aber noch bleibe ich auf dieser Seite, laufe weiter entlang dem Polizeigebäude, nun auf die andere Ecke zu. Ich erreiche eine kleine Straße, die früher Angerstraße hieß, sehe auf der anderen Straßenseite einen nichtssagenden Wohnblock, irgendwann nach dem Krieg erbaut; ich spüre das Polizeigebäude im Rücken und weiß, dass genau hier, vor mir an der kleinen Straße, bis zur Reichspogromnacht die große wunderbare »Neue Synagoge« gestanden hat, Zentrum des liberalen Judentums in Breslau.

Ich weiß, meine Familie, die Laskers, waren zwar, wie meine Mutter sagt, »typische assimilierte Juden, durchdrungen von deutscher Kultur«; sie gingen nur an hohen Festtagen in die Synagoge, nahmen sonst am religiösen jüdischen Leben oder auch an der jiddischen Kultur, die damals blühte, nicht teil – und doch! Die »Neue Synagoge«, 1872 erbaut, war ein gewaltiges Gebäude im neoromanisch-orientalisierenden Stil; es hatte eine siebzig Meter hohe Kuppel, die man weithin sehen konnte. Noch einmal kommt mir Günther Anders in den Sinn, der auf seiner Erinnerungsreise nach Breslau hier entlangfuhr und etwas vermisste: »Ich weiß nicht sofort, was, die Gegend scheint komplett, namentlich durch ein sehr großes massives öffentliches Polizeigebäude. Nichtdaseiendes ist schwer feststellbar. Jetzt erst, wieder auf Grund des Stadtplans, erkenne ich, daß gegenüber der falschen Burg des Landgerichts, die noch steht, der gleichfalls total falsche romanische Kuppelbau der Synagoge fehlt. Warum diese ›Neue Synagoge‹ hieß, weiß ich nicht, einmal wird sie schon neu gewesen sein, zu meiner Zeit war sie aber, glaube ich, schon recht ehrwürdig. Jetzt hat sie jedenfalls, sofern man von ihr überhaupt noch reden kann, das denkbar höchste Alter erreicht, denn nun ist sie ja so alt, daß ihr Fehlen schon vergessen ist, nein, sogar die Vergessenheit ihres Fehlens schon vergessen ist. Unter denen, die heute in Wroclaw leben, gibt es bestimmt niemanden mehr, der Reste der Breslauer Synagoge gesehen hat ... Kann denn niemand lernen, daß wo wir Juden umgebracht werden, Unheil braut? Daß, wer keine Hemmungen hat, uns zu verbrennen, am Ende keine Hemmungen hat, alle zu verbrennen? Das Feuer, das Breslau 1945 verzehrt hat, ist 1938 gelegt worden, in der Kristallnacht.«

Günther Anders schrieb diese Worte 1966. Die Synagoge hatte noch gestanden, als meine Mutter im Sommer 1938 Breslau verlassen hatte. Und existierte nur noch als Schutthaufen, als sie nach der Reichspogromnacht am 9. November 1938 nach Breslau zurückkehrte.

Heute steht ein nicht sehr großer Gedenkstein an der Stelle der einstigen Synagoge, von wenigen Bäumen beschützt.

Ich laufe über eine kleine Brücke hinein in die Altstadt. Gleich links von der Graupenstraße zweigt die Wallstraße ab, und schon stehe ich an der zweiten Synagoge der Stadt. Sie, die »Weiße Storch-Synagoge«, ist noch vorhanden, denn sie ist so verwachsen mit den umstehenden Häusern, dass es die Vernichtung des ganzen Stadtteils bedeutet hätte, sie anzuzünden. Verschont also – und in jüngster Zeit renoviert, die Weiße Storch-Synagoge, in der damals die orthodoxen Juden beteten.

Ich stehe auf dem Platz vor der Synagoge, damals sind Mum und ich – glaube ich – hineingegangen. Jetzt ist sie verschlossen, ich sehe die Gedenktafel am kleinen Vorplatz, die ihn als Sammelplatz der Deportationen ausweist, ich drehe mich um und gehe.

Das jüdische Viertel ist schön geworden, was für ein Trost. Die Häuser sind restauriert, ich lasse mich in einem Café mit Sofas und gemütlichen Ecken gleich neben der Synagoge nieder, ich esse Käsekuchen und trinke guten Kaffee. Ich denke daran, dass um die Ecke, in der alten Wallstraße, das Waisenhaus liegt, in dem Mum und Renate damals untergebracht worden sind, nachdem die Eltern fort und auch ihre Großmutter Flora Lasker deportiert war. Es war Sommer 1942, meine Mutter berichtet in ihrem Buch, wie sie ihrer Großmutter deren Medikamente in einem Säckchen um den Hals hängte, bevor sie sie zum Sammelplatz begleitete. »Ein Gestapomann saß an einem Tisch und rief die Namen der Opfer auf, die dann an einem Tisch vorbeigehen mussten, um registriert zu werden. Der Mann rief: LASKER, worauf meine Großmutter an den Tisch ging und ›*Frau* Lasker‹ zu ihm sagte. Ich war sicher, dass er ihr einen Fußtritt geben würde – aber keine Spur, er sagte ganz einfach: ›Frau Lasker‹. Ich war sehr stolz auf meine Großmutter ...«

Danach kamen Anita und Renate ins Waisenhaus, »es war ein solcher Luxus, endlich mal wieder einen Teller mit Essen vorgesetzt zu bekommen, ohne schwer dafür gekämpft zu haben«. Es war von dort aus, dass sie ihre Flucht planten, die dann so schrecklich scheitern sollte.

Damals, 1995, habe ich das alte Waisenhaus fotografiert, es war völlig schwarz, rußig, wie ein Schornstein von innen. Nun ist dieser Eingang gereinigt – überhaupt alles ist hier nun, so lange nach dem Ende des Kalten Krieges, viel aufgeräumter, sauberer. Schön, auch touristisch schön, aber gleichsam fremd.

Und doch bedeutet mir die Stadt vielleicht mehr als vor fünfundzwanzig Jahren. Ich bin freier. Damals war ich mit meiner ganzen Konzentration bei meiner Mutter. Sie aber fühlte sich durch jede Frage, die ich ihr stellte, geärgert, gereizt, irgendwie provoziert. Ich war eine Art Störenfried auf ihren Wegen in ihre eigene innere Welt. All das ist Erinnerung, die nur ihr allein gehört. Es ist ihr Selbstschutz, sich dabei ganz in sich selbst zurückzuziehen, inzwischen weiß ich das. Es gab an dieser Stelle immer nur ganz dünne Verbindungsfäden zwischen uns – einer ist zum Beispiel die Bunzlauer Keramik, die aus der Nähe von Breslau stammt. Seit sie mir von dieser Keramik erzählte, habe ich begonnen, sie zu sammeln.

Aber am Ende dieser Reise, 1995, bin ich zusammengebrochen.

Immer weiter nähere ich mich nun dem inneren Kern der Stadt, dem alten Ring, der heute Rynek heißt. Es ist ein riesiger, wunderschöner Platz; vier breite Gassen ohne Verkehr, die als eine Art viereckiger Ring eine innere Bebauung umgeben, einen innersten Kern aus Häusern und Gassen und Geschäften. Ich habe gelesen, dass in deutscher Zeit diese vier Straßen äußerst poetische

Namen hatten: die Goldene Becher-Seite im Süden, die Naschmarkt-Seite im Norden, die Grüne Röhr-Seite im Osten und die Sieben Kurfürsten-Seite im Westen. Dort, wo die südliche und östliche Seite aufeinander treffen, steht das wunderschön verwinkelte, irgendwie verspielte Rathaus von Breslau.

Der Platz allerdings, der mir in diesen Tagen am meisten ans Herz wachsen wird, ist ein kleinerer Platz am Rand des alten Rings. Blücherplatz hieß er früher. Quadratisch, überschaubar, von alten oder wiederaufgebauten Häusern umstanden, und in der Mitte ein paar Blumenstände. Hier werde ich nun immer wieder Blumen kaufen, um sie an die Orte meiner Familie zu bringen.

Nun, endlich, in dieser geschlossenen, einheitlichen Umgebung, gelingt es mir ein bisschen, mir die Laskers vorzustellen. Man müsste in der Lage sein, sich eine andere Sprach- und Kulturwelt, eine völlig andere Atmosphäre vorzustellen. Und so wird es mir auf meinen ganzen Streifzügen durch Breslau-Wrocław ergehen: Ich kann mich dort mit der Stadt verbinden, wo ich an die Familiengeschichte anknüpfen kann. Es ist verrückt, wie nahe diese Orte der Familie beieinanderliegen – keiner ist weiter als zehn Minuten zu Fuß vom anderen entfernt. So ein kleiner Radius für Ereignisse, zwischen denen Himmel und Hölle liegen, könnte man sagen.

»Breslau ist der Ort, an dem vor knapp hundert Jahren mein Leben begann, an dem dann später die Vernichtung meiner Familie begann und mein eigener Weg in die Hölle«, so fasst es meine Mutter zusammen.

Jenseits dieses fast unsichtbar gewordenen Breslaus

der Laskers sehe ich eine moderne Stadt wie viele andere, mit vielen jungen Leuten und vielen Priestern, eine Stadt, die mir wenig sagt.

Ich musste diese zweite Reise nun alleine machen. Damals, auf meiner ersten Reise nach Breslau, war ich dissoziiert – nicht wirklich hier. Ich erlebte, wie machtvoll die Präsenz meiner Mutter in allem ist. Erst diesmal bin ich ganz und gar da, entdecke die Stadt, indem ich meinen eigenen Instinkten folge. Jetzt ist es nur meine, ganz eigene Erfahrung. Bei dieser Reise bin ich in meinen eigenen Schuhen unterwegs – gehe in ihnen alle Wege noch einmal und erobere mir meinen eigenen Blick auf die Dinge.

10
Jüdin sein in Berlin

Ich bin eine Jüdin in Berlin. Vor nun fast zwei Jahren traf ich die Entscheidung, nach Berlin zu ziehen, in die Hauptstadt des Landes, das verantwortlich ist für die Ermordung von Millionen meiner Leute.

Ich kam als eine, die einen Faden aufnehmen wollte, an den abgerissenen Faden des Ungelebten anknüpfen.

An den vielen verschlossenen Türen der beiden Corona-Jahre vorbei kaum Leben zu finden, erst recht kein jüdisches, war schmerzhaft, oft genug frustrierend. Während des kalten, grauen Winters 2021 ergriff mich Hoffnungslosigkeit. Ich war unsicher, ob ich genug Widerstandskraft hatte, um weiterzumachen, und ich begab mich zurück nach England im Bewusstsein, dass ich nicht alles auf Deutschland setzen konnte.

Ich brauchte einen Ort, an den ich vor diesem beeindruckenden wie angsteinflößenden Land fliehen konnte.

Als ich nun nach Berlin zurückkomme, ist Pessach gerade vorüber. Viele Jahre sind vergangen, seitdem ich das letzte Mal am Sederabend teilgenommen habe, all das wirkt seltsam weit weg. Und mich hat es überrascht, als Mutter bei meinem Besuch Bedauern ausdrückte darüber, dass wir nichts Besonderes vorbereitet hatten, nicht mal eine Packung Matze hatte den Weg in unser Zuhause gefunden. Kein feierliches Essen, keine Rituale, nichts. Ich dachte, sie habe nie Wert darauf gelegt. Es ist kompliziert in meiner Familie. Wir sind nicht aufgewachsen mit den Ritualen. Sie stecken nicht in unseren Knochen, zumindest nicht in denen der Lebenden. Es ist seltsam, darüber nachzudenken, dass ich Pessach in die Familie zurückgebracht habe, so wie eigentlich alle Feiertage. Jeder einzelne von ihnen bringt mich zurück in die Zeit, als ich Teil der Familie von Rabbi Dr. Louis Jacobs war, damals schufen sie Verbundenheit und hatten eigentlich nichts mit den Gottesdiensten in der Synagoge zu tun, sondern handelten von der Liebe und dem Respekt, die ich meinem Schwiegervater entgegenbrachte. Ich liebte seine Weisheit, die Predigten, seine Menschlichkeit, und ich liebte seine Synagoge auf der berühmten Abbey Road. Sie ihrerseits waren, umgekehrt, stolz darauf, mit mir die Tochter einer Überlebenden in der Familie zu haben.

Und jetzt bin ich zurück in Berlin. Wieder ist Frühling, und die Stadt, in die ich mich verliebt habe, erwacht zum Leben.

Gleich heute werde ich Marguerite Marcus kennenlernen, eine Berliner Jüdin, so alt wie ich, deren Berliner Familiengeschichte Jahrhunderte zurückgeht. Wie schwierig es ist, sich das vorzustellen.

Wir treffen uns in der »Schwartzschen Villa« in Berlin Steglitz, sie haben schon die Stühle in den Garten gestellt. Es ist ein strahlend sonniger Tag, doch mir ist kalt. Wir grüßen uns zurückhaltend, beide wissen wir um die Bedeutung unserer Begegnung.

Wir bestellen Getränke, es ist ein vorsichtiges Kennenlernen. Ich weiß, dass Marguerite mein Buch gelesen und wahrscheinlich auch manches recherchiert hat. Mich berührt der Umstand, dass sie bereits vor unserer Begegnung viel Zeit aufgewendet hat, um mich kennenzulernen. Wir tasten uns aneinander heran, an die Fragen, die wir einander stellen wollen. Ganz schnell kommen wir auf London zu sprechen, auch Marguerite hat einen Sohn, der in England lebt und studiert. Aber die eigentliche Überraschung ist, dass ihr Bruder Assistent von Rabbi Louis Jacobs war. Wir haben also nicht nur – auf völlig unterschiedliche Art – Berlin gemeinsam, sondern die Bezüge kreuzen sich auch in London, der Stadt meines bisherigen Lebens! Die Besuche in der Londoner Synagoge seien bedeutsam gewesen für sie, erzählt Marguerite, und nun helfen sie ihr, sich Episoden aus meinem Leben vorzustellen.

Sowohl ihre Großeltern mütterlicherseits als auch die väterlicherseits lebten vor dem Krieg in Berlin, sagt sie. Ihre Eltern, Ingeborg Baumann und Gerhard Marcus, lernten sich als Teenager kennen.

Dann aber gingen die Schicksale der beiden Familien auf jene dramatische und schrecklich zufällige Art, wie sie damals viele Schicksale bestimmte, auseinander. Marguerites Großvater väterlicherseits durfte seine Apotheke an der Skalitzer Straße nicht weiter betreiben und versuchte im Sommer 1938 sein Glück in einer anderen Branche, er eröffnete ein Hotel am Gardasee. Die Familie überlebte in der Schweiz und in Frankreich. Zu diesem Zeitpunkt hatte sich auch Marguerites Mutter retten können: Noch 1939 flog sie vom Flughafen Tempelhof, siebzehnjährig nach London, um dort als Au Pair zu arbeiten. 1939 – da war meine Mutter vierzehn und erlebte die wachsende Verzweiflung ihrer Eltern, deren Ausreise immer unmöglicher schien. Marguerites Mutter arbeitete in England in einem Kriegskindergarten, sie liebte ihre Arbeit – und hatte keine Ahnung, was mit ihren Eltern in Deutschland passierte. Auch ihre Eltern hatten sich um Visa für England bemüht, sie bewarben sich auf Dienstbotenstellen, aber es war zu spät. Ingeborg Baumann würde es noch lange Jahre nicht erfahren, dass ihre Eltern in der sogenannten Fabrikaktion im Februar 1943 deportiert und in Auschwitz ermordet wurden.

Wir teilen einen zentralen Aspekt des Schicksals.

Im selben Jahr 1943, erzählt Marguerite, hatte ihr Vater den künftigen Schwiegereltern geschrieben, dass ihre Tochter und er heiraten würden. Diese Postkarte erreichte Ingeborgs Eltern nicht mehr. Es ist seltsam, darüber nachzudenken, dass die letzte Postkarte meines Großvaters aus Izbica seine Töchter im gleichen Jahr tatsächlich erreichte.

Und doch, welches Überlebensglück! Die Mutter, die noch 1939 aus Deutschland entkam. Die dann in Paris ihren Jugendfreund fand und heiratete. Ich sehe meine drei Jahre jüngere Mutter vor mir, die wie ihre Schwester Renate 1939 keine Chance mehr hatte, aus Breslau zu fliehen, und der Auschwitz und Bergen-Belsen bevorstanden.

Ich höre Marguerite zu und stelle mir ihre Kindheit

und Jugend vor: mit Eltern, die nicht nur selbst dem Holocaust entgehen konnten, sondern die es auch schafften, in ihre alte Heimat Berlin zurückzukehren. Eine Oma, die in dieser Kindheit präsent war. Wenigstens eine Oma. Bei uns gab es gar niemanden. Alles, was Familie in positivem Sinne bedeuten konnte, repräsentierte Renate. Vielleicht ersetzte sie die Großeltern, so gut sie konnte – aber das war natürlich nicht genug. Meine Mutter, einerseits stets ein Halt für mich, blieb trotzdem schwer fassbar. Ich bin ein Mysterium für sie geblieben. »Normal« ist ja Mums Lieblingswort, und wie weit war ich von ihrem »normal« entfernt ... Ich wuchs mit Eltern auf, die als Musiker eigentlich nie zu Hause waren. Wo immer die Arbeit war, mussten sie hin, damit sie Essen auf den Tisch bringen konnten.

Beide Schwestern trugen ihre Geheimnisse aus der fürchterlichen Zeit in Auschwitz und Bergen-Belsen mit sich. Da ist die Geschichte von dem Stück Schokolade, das Renate in Auschwitz von jemandem bekam und mit ihrer Schwester teilen wollte, und dann schaffte sie es nicht und aß sie allein, weil sie so hungerte. Die Geschichte von dem Kind, das Renate in Auschwitz von einer Mutter auf dem Weg in den Tod übergeben wurde, um das sie sich kümmerte, solange sie konnte, bevor es starb. Diesen Horror muss man sich vorstellen.

Die riesigen Geschichten, die Mum und Renate durch ihr Leben schleppen mussten, und die nur ab und zu in kurzen Momenten zur Sprache kommen konnten, aber für die es nie eine Erzählung, einen Zusammenhang würde geben können.

Meine Mutter wirkt dieser Tage selten anwesend. Ich vermisse sie stark, obwohl sie noch bei uns ist. Mit siebenundneunzig Jahren hat sie endlich damit aufgehört, sich Sorgen zu machen, wo ihre Kinder sind. Sie braucht nun nicht mehr jeden Tag mit mir zu sprechen. Die Pandemie hat mit ihren Reisen Schluss gemacht und die beiden verlorenen Jahre hatten ganz sicher ihren Preis. Nun ist es ihr größter Wunsch, in Ruhe gelassen zu werden. Sie will weniger wissen, doch ich habe so viel, was ich ihr erzählen möchte. Dass mein Wunsch ihres Besuchs in Berlin nicht wahr werden wird, macht mich ungemein traurig.

Der Zustand der Welt lässt sie am Wert ihres Beitrags zweifeln. Sie sagt, sie hat alles, was sie braucht, an dem Ort, der ihr ein halbes Jahrhundert ein Zuhause war.

Marguerites Kindheit war viel weniger zerrissen als meine, so scheint es. Sie ist mit ihren Eltern in die Pestalozzi-Synagoge in Charlottenburg gegangen, und Andreas Nachamas Vater, Estrongo Nachama, der selbst aus Auschwitz zurückkam, hob sie hoch und nannte sie »seine Kaiserin«. Sie wuchs hinein in die Jüdische Gemeinde, für sie haben die jüdischen Feste eine positive Kindheitsassoziation.

Ich frage Marguerite, ob sich Berlin wie eine Heimat anfühlt. Sie schüttelt den Kopf und verneint. Heimat sei das falsche Wort.

Wie könne Berlin für sie Heimat sein, wo es doch ihren beiden Eltern als Heimat entzogen wurde? Sie sagt, als ihr Vater nach dem Krieg zur Polizei in Berlin gegangen sei, um sich über den Verbleib seiner Schwiegereltern zu erkundigen, und man ihm sagte, er könne nun wieder die deutsche Staatsbürgerschaft beantragen, war er den Polizisten ins Gesicht gesprungen: Wollten sie weiterhin Nazi-Gesetze auf ihn anwenden? Niemals würde er diese Staatsbürgerschaft wieder beantragen.

Sie sei sehr froh, dass sie ihre Söhne auf eine internationale Schule habe geben können, sagt Marguerite: damit sie überall leben könnten, mit Namen, die in jeder Sprache gut klängen. Berlin, genauer: West-Berlin, sei in den Jahren ihrer Kindheit und Jugend eine Insel inmitten sozialistischer Umgebung gewesen, und immer noch, sagt sie, sei Berlin anders als der Rest von Deutschland, auch wenn die Stadt dabei sei, sich gewaltig zu verändern. »Ich musste nicht weggehen von hier; in Berlin ist man immer umgeben von Veränderung«, sagt sie.

Zugleich aber ist ganz Entscheidendes für sie stabil geblieben. In welchem Maße, ja in welch außergewöhnlicher Weise stabil und kontinuierlich, wird mir zwei Wochen später klar, als Marguerite mich in ihren »Kindheitsgarten« einlädt. Ja, genau so hat sie es ausgedrückt – der Garten ihrer Kindheit! Ich fahre also nach Dahlem, zur beschriebenen Adresse, und werde von ihr am Gartentörchen eines weitläufigen, bungalowartigen Gebäudes auf großem Grundstück in Empfang genommen. Der Rasen ist an zwei Seiten von dem L-förmigen Bau begrenzt, ein geschütztes Stück Garten, auf dem man sich gut Kinder aller Altersstufen und vor allem auch große Familientreffen vorstellen kann. Denn das in den 1950er Jahren von Marguerites nach Berlin zurückgekehrten Eltern erbaute Haus ist bis heute ein Familienort geblieben, seit siebzig Jahren wird hier gewohnt und zwischengewohnt, gefeiert, gelebt. Als wir vom Garten aus den großen Wohnraum betreten, von dem aus man über Stufen hier und Stufen da in verschiedene Trakte des Hauses gelangt, erzählt Marguerite, dass es für die Eltern nie das »Wohnzimmer«, sondern immer der »living room« gewesen sei. Familienbilder erzählen von diversen Bar Mitzwas, die kleine Küche mit ihren vielen praktischen Fächern suggeriert Bauhaus-Stil, im Esszimmer bleibe ich andächtig vor einem schönen Ölbild stehen, das den Beginn des Schabbat, das Entzünden der Kerzen am Freitagabend zeigt.

»Alles hier hat Bedeutung, alles erzählt eine Geschichte, nichts von den Dingen wäre durch andere ersetzbar«, sage ich zu Marguerite, die mir zustimmt. Wie verwinkelt, wie riesig dieses Haus ist, ich komme aus dem Staunen nicht heraus – in einem breiten Flur hätten früher ihre Schwester und sie gespielt, bevor dann später die Mutter sich hier mit Freundinnen getroffen habe, erzählt sie. Im Keller schließlich lagern SPIEGEL-Ausgaben aus den 1970er Jahren, und unter einem Gartentisch steht eine wundervolle alte Registrierkasse – aus der Apotheke in der Skalitzer Straße, die Marguerites Großvater führte. Was für ein Haus!

Es ist die Veranschaulichung von Marguerites Familiengeschichte – ein Inbegriff von Zusammenhang, von Zusammengehörigkeit durch Generationen. Es wurde in meinem Geburtsjahr, 1958, erbaut, ein schöner Gedanke. Von Eltern, die schon drei Kinder hatten und das vierte – Marguerite – eigentlich gar nicht mitgeplant hatten. Aber natürlich passte sie hinein, in dieses Haus der hundert

Winkel und Nischen. Apropos passen: Mir fällt mein Londoner Zuhause ein, in dem ich meine Kindheit verbrachte, »ungefähr zehnmal würde unsere damalige Wohnung hier hinein passen«, sage ich zu Marguerite.

Denn natürlich, auch wenn es manche verblüffende Parallele zwischen unseren Leben gibt, dann überwiegt wohl doch der Unterschied. Das Gefühl von »andersartig und besonders«, das sie als Schulkind ebenso erlebte wie ich, auch sie als einzige Jüdin der Klasse, war für sie jedoch positiv geladen: Es war schön, etwas Besonderes zu sein. Und es schloss das Gefühl von Normalität und Selbstverständlichkeit nicht aus, in dem sie groß wurde. So unglaublich es klingt, und nicht nur für mich: ihre Identität als deutsche Jüdin war etwas Normales, etwas Selbstverständliches für sie. Und als sie später verstand, dass es in Wirklichkeit eben gar nichts »Normales und Selbstverständliches« hatte, da war es kein Bruch, der mit Scham und Schrecken verbunden war wie für mich, sondern eher mit Stolz. Als Jüngste von vieren wuchs sie hinein nicht nur ins jüdische Leben, sondern auch in eine ausdrücklich positiv besetzte jüdische Identität.

Wie sollte das kein Gefühl der Sehnsucht in mir auslösen – oder eine Vorstellung davon, wie anders mein Leben hätte sein können?

Wobei es für Marguerites Mutter, deren Eltern genau wie die meiner Mutter im KZ ermordet wurden, genau jene Sprachlosigkeit gab, die ich von meiner Mutter kenne. Und genau wie ich wusste Marguerite, ohne dass es ihr jemand erklärte, dass es Dinge gab, über die niemand sprach und nach denen man auch nicht fragen konnte.

»Ich habe gelesen wie eine Wilde«, sagt sie, »und mir ganz viel aus Büchern geholt.« Und mit einer Bewegung, die die vielen Räume und Regale des Hauses umschließt, sagt sie: »Die Bücher waren ja alle da.« Und eine Großmutter war da, eine, die noch vom Berlin der 1920er Jahre erzählen konnte! Im Gegensatz dazu war ich auf Zufälle angewiesen bei meiner Suche nach der Familiengeschichte. Es ist unmöglich, nach etwas zu suchen, von dem man nicht weiß, was es ist. Es gab keine Bücher, und niemanden, den ich hätte fragen können.

»Unsere Familie war groß genug«, resümiert sie, die Dinge wurden auf vielen Schultern getragen. Und geistig reichte der Zusammenhalt auch weit über Berlin hinaus bis nach Israel. »Hier im Garten wurde für Israel gesammelt, endlos diskutiert, alles im Sinne der Überzeugung meines Vaters: Es ist an der Zeit, unser Land zu bewahren.« Aber hatte meine Mutter nicht eine ähnlich klare, konsequent verfolgte Richtung eingeschlagen, indem sie sich der Musik verschrieb, dem Cellospiel, dem Orchester? Ich zögere mit meiner Antwort auf Marguerites Frage. Für meine Mutter war die Musik vermutlich genauso wichtig wie die Kinder, nicht im Sinne von Liebe, das nicht. Aber die Kinder hatten eher den Stellenwert einer Notwendigkeit. Das Fortbestehen der jüdischen Gemeinschaft bedeutete für die, die den Holocaust überlebt hatten, alles und war essenziell.

Und die Musik war ebenso essenziell. Für das eigene Auskommen, doch auch als Verbindung zwischen Vergangenheit und Gegenwart, als etwas, zu dessen Zerstörung die Nazis nicht in der Lage gewesen waren. Doch beide Rollen, die als Mutter und die als Berufsmusikerin auszufüllen, war nicht leicht und hatte Konsequenzen. Meine Mutter war immer in Eile, nie hatte sie Zeit oder Geduld für die Dinge, die sie als die Trivialitäten des Lebens betrachtete. Ganz normales, kindliches Leid – ein Bauchweh, eine Sorge in der Schule – stieß bei meiner Mutter auf absolute Verständnislosigkeit. Marguerite erzählt mir, wie ihr Vater oft in ähnlicher Weise reagierte. »Das ist doch kein echtes Problem, was du da hast«, sagte er etwa, »mach weiter mit deiner Arbeit!« Ihre Mutter beschreibt Marguerite als leidenschaftliche Mutter, die ihre Kinder mit Begeisterung stillte.

Mir hingegen wurde erzählt, dass ich das Stillen verweigert hätte, dass ich biss statt saugte. »Du bist wütend auf die Welt gekommen«, sagte meine Mutter. Marguerites Mutter konnte ihren Kindern das Gefühl vermitteln, verstanden und erwünscht zu sein. Die Depression ihrer Mutter, das Trauma der ermordeten Eltern, erreichte Marguerite trotzdem. Sie erzählt von einem Tag, als sie Mitte dreißig war: »Es war der Tag, an dem ich zufällig das offizielle Todesdatum der Großeltern erfuhr. Es war mein Geburtstag, auf den Tag genau sechzehn Jahre später bin ich geboren! Mit diesem Wissen fiel plötzlich ein riesiges Gewicht von meinen Schultern; die Depression war weg.« Dann sei sie schwanger geworden, erzählt Marguerite – und wieder fällt mir eine Parallele ein, die aber auf das Gegenteil hinausläuft. Meine Depression war gekommen, als ich schwanger wurde. Aus mir heute nicht mehr zugänglichen Gründen reiste ich damals zum ersten Mal nach Auschwitz und war danach wie schreckensstarr. Viel am eigenen Erleben von Mütterlichkeit hängt wohl unabänderlich mit der Mutter zusammen, die man hatte.

Als Marguerite mit zwanzig nach Paris ging, um dort zu arbeiten, ging es ihr sehr schlecht, sie kam nicht zurecht mit dem Alleinsein – und zog eine Konsequenz daraus, traf eine Entscheidung: Sie würde keine großen Neuanfänge mehr ganz alleine machen. Auch hier gilt für mich wieder das Gegenteil: Ich musste alle großen Neuanfänge allein machen, weil es die Familie, auf die ich hätte zurückgreifen können, einfach nicht gab.

Die großen Fragen enden nicht. Bin ich denn den Antworten, die ich suche, nähergekommen?

Es ist fast dunkel geworden. Ich schaue in den Garten, die Bühne für so viele glückliche Erinnerungen, in denen der Flieder blüht. Marguerite bietet mir an, ein paar Zweige abzuschneiden, um sie mit in meine Wohnung in Charlottenburg zu nehmen. Ich hoffe sehr, dass ihre Eltern es gutheißen.

Liebe Großeltern,
vor vier Wochen bin ich nach Berlin zurückgekehrt. Es ist Mai, und der Frühling kommt wieder mal mit einem Schwung neuer Hoffnung daher. Ich hatte Berlin im Januar verlassen, um nach London zu reisen, und es hatte sich angefühlt, als ob ich vor dem überwältigenden Gefühl, einsam und am falschen Platz zu sein, wegliefe.
Meine Begeisterung über das neue Leben, das ich in Deutschland zu finden gehofft hatte, schien sich nach zwei Jahren des Kämpfens endgültig erledigt zu haben. Meine Suche nach einem Leben, das das enthielt, wovon ich so lange geträumt hatte, würde nicht in Synagogen oder organisiertem jüdischen Leben zu ihrem Ziel kommen. Eher, so ahnte ich, würde ich es tastend und suchend in einzelnen Menschen und in Momenten der Verbundenheit finden.
Aber dann fühlte es sich mehr und mehr so an, als ob ich scheiterte; als ob die Hoffnungen und Träume, die ja nicht nur ich allein hegte, ein Fantasiegebilde wären. Scham stellte sich ein, und tiefe Enttäuschung. Ich hatte alles auf diese Karte gesetzt, ich war meiner Sache so sicher gewesen, und nun spürte ich nur noch Angst.
Statt mir vorzustellen, wie hart es sein könnte, hatte ich mir die naive Vorstellung erlaubt, ich würde mit offenen Armen empfangen werden – aber wessen offene Arme hätten das sein sollen?

Ich wollte nicht kapitulieren, ich wollte mich nicht geschlagen geben, aber ich wusste, dass ich irgendwie eine dickere Haut würde entwickeln müssen ... Vielleicht sollte ich versuchen, es zu machen wie meine Mutter? Gefühle beiseitezulassen, und mich einfach der Aufgabe des Lebens im Hier und Jetzt zu widmen?

Aber ihr wisst inzwischen, meine Lieben, dass ich mehr will als das, dass ich nicht über die Resilienz meiner Mutter verfüge, zumindest nicht in derselben eindeutigen Art und Weise.

Ich habe mich hier in Berlin unsichtbar gefühlt, in all jenen Aspekten, in denen ich doch eigentlich gern gesehen und wahrgenommen werden möchte; umgekehrt kam ich mir äußerst sichtbar vor, wenn es darum ging, bewertet und nicht verstanden zu werden. Und so muss ich nun meine Art und Weise, wie ich hier »bin«, wie ich Berlin zu meinem Platz mache, neu überdenken.

Während ich in England war, habe ich mich wieder an das dortige Leben gewöhnt, und ich muss gestehen, dass der Gedanke, nach Berlin zurückzukehren, mir Mühe machte. Ich hatte diese Zeit meiner Abwesenheit auch genutzt, um über die besondere Verletzlichkeit nachzudenken, die ich als zurückkehrende Jüdin empfinde. Umgeben von unbewussten Vorurteilen, bin ich trotz meiner deutschen Herkunft kulturell nicht gut vorbereitet auf dieses Land. Da sind so viele Missverständnisse, die mich immer wieder verwirrt und mit dem Gefühl, ›falsch‹ zu sein, zurücklassen.

Das andere, was ich unzweifelhaft realisiere, ist, dass ich eben nirgendwohin ganz gehöre. In einer gewissen Weise ist das befreiend. Es hat viele überrascht, auch schockiert, dass ich keine Bindung an London empfinde, wo ich geboren bin und mehr als sechzig Jahre gelebt habe. Aber ich habe inzwischen verstanden, dass für mich Verbundenheit nur in einer bestimmten Atmosphäre entsteht, durch Verstehen und Verstandenwerden.

Und so, meine Lieben, könnt ihr euch sicher vorstellen, dass mir nun ziemlich beklommen zumute war, als ich wieder in Berlin ankam. Dann aber bescherte mir gleich die erste Begegnung am Tag nach meiner Ankunft etwas von dem, wonach ich so dringlich gesucht hatte.

Marguerite Marcus kennenzulernen, bedeutete in gleich mehrerer Hinsicht, etwas von dem Leben zu kosten, das auch ich hätte haben können. Sie ist hineingeboren in eine etablierte, jüdisch assimilierte Familie, der es gelang, nach Berlin zurückzukehren, obwohl sie von der Nazizeit schwer betroffen waren. Aber sie kehrten zurück und bauten ihr Leben und Geschick hier in Berlin auf. Was für eine Leistung!

Anfangs hatte ich gezögert, als mir diese Begegnung vorgeschlagen wurde. Ich wollte die Enttäuschung nicht, die ein »blind date« nach sich ziehen kann. Der Umstand allein, dass wir beide jüdisch sind, garantiert ja noch gar nichts. Aber nun bin ich so froh, dass ich dieser Befürchtung nicht allzu viel Raum gegeben habe.

Zwischen Marguerite und mir entstand sofort eine Verbindung. Wir sprechen dieselbe Sprache, oder vielleicht wäre es richtiger zu sagen, wir teilen ein tiefes Verstehen dessen, was unsere Leben an so verschiedenen Orten der Welt berührt und beeinflusst hat. Marguerite ist, wie

mir scheint, weicher als ich, offener … und hat ein starkes Selbstwertgefühl. Sie hat viele Menschen um sich herum in ihrem Leben, viele Verwandte, aber auch Freunde, und ich frage mich, wie all das sie geprägt hat. Beziehungen fallen ihr vielleicht leichter, erscheinen ihr weniger fordernd als mir.
Wir gehören zu selben Generation, genaugenommen sind wir nur wenige Monate auseinander: fast Zwillinge, von verschiedenen Müttern geboren.
Sie kam voller Begeisterung und Großzügigkeit auf mich zu, sie gab mir zu verstehen, wie wichtig ihr die Kommunikation mit mir war. Mit ihr durfte ich erleben, dass ich mich nicht als jemand fühlte, die »zu viel« wäre, eher im Gegenteil. Dass wir denselben Beruf haben, ist noch etwas, das uns auf natürliche Weise verbindet. Wir wissen, dass die Dinge nicht schwarz oder weiß sind. Die Erleichterung darüber, mich nicht erklären zu müssen, ist immens.
Das schafft nun so viel Energie, sogar Hoffnung!
Allmählich kann ich mir vorstellen, dass meine anglodeutsche-Doppelidentität zur gelebten Wirklichkeit wird. Sie wird vielleicht tatsächlich den Weg zu jener Tätigkeit ebnen, die ich hier in Deutschland aufnehmen will. Einen Beitrag, den ich auch euch beiden zu Ehren leisten möchte, all denen zu Ehren, deren Stimmen nicht gehört werden können. Das ist mehr als Wunschdenken. Es gibt viel zu tun angesichts eines erstarkenden Antisemitismus. Ich möchte dabei sein.
Meine Lieben, diesmal wende ich mich nicht ab, trete nicht die Flucht an. Ich kehre in meinen Charlottenburger Altbau zurück. Und während ich hier sitze und euch schreibe,

ist der Balkon lebendig vor Kaskaden von blühenden, farbenfrohen Geranien. Ich schaue in die Zukunft und bin zuversichtlich, neue Menschen in dieser Stadt kennenzulernen, mich mit ihnen anzufreunden. Dieser Gedanke trägt mir Wärme ins Herz.
Und so sind das Zutrauen meiner geliebten Mutter, ihr Vertrauen in mich, sowie meine Fähigkeit durchzuhalten, meine Ausdauer, nicht umsonst. Und gemeinsam mit meiner fest ins Herz geschlossenen Tante Renate könnt ihr, meine Schutzengel, zu mir hinunterlächeln. Lebt wohl zu sagen, ist mir unmöglich. Euer innerstes Wesen muss auf immer nah bei mir sein.

In Liebe,
Maya

Zitatnachweise

S. 43: Sie waren Nachbarn e. V., *Ihr letzter Weg,* Berlin 2020.

S. 52 f.: Anita Lasker-Wallfisch, *Ihr sollt die Wahrheit erben,* Bonn 1997.

S. 69 f.: Ulrich Eckhardt/Andreas Nachama, *Jüdische Orte in Berlin,* Berlin 2005.

S. 79 f.: Martin Riesenburger, in: *Der gute Ort in Weißensee* (Hg. Jürgen Rennert/Dietmar Riemann), Berlin 1987.

S. 103: Nelly Sachs, *In den Wohnungen des Todes,* Berlin 1947.

S. 116: Stiftung Topographie des Terrors, *Topographie des Terrors,* Berlin 1987.

S. 120 f.: Christoper Isherwood, *Leb wohl, Berlin,* Hamburg 1949.

S. 144 f.: Günther Anders, *Besuch im Hades,* München 1979.